阿良的歸

人生

23歲 工作　20歲 兵役　13歲 國中

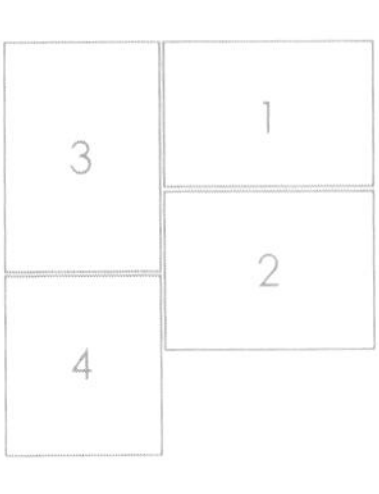

1.2. 國中時期，我（著紅衣）的個頭已經比父親高。

3. 服兵役時，駐守馬祖北竿〇八據點。

4. 二十三歲前，已進過彰化看守所、雲林監獄戒治所。

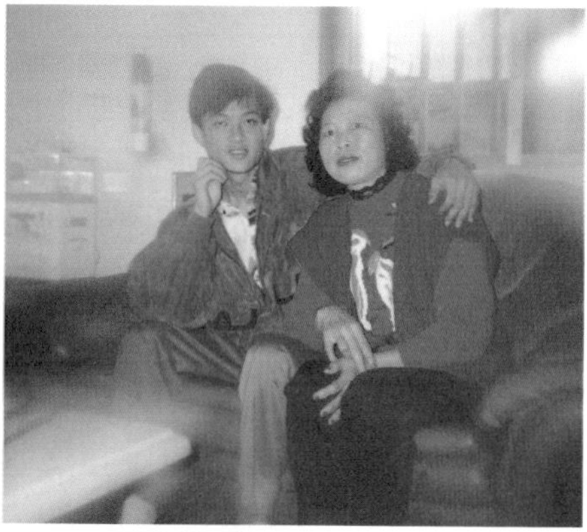

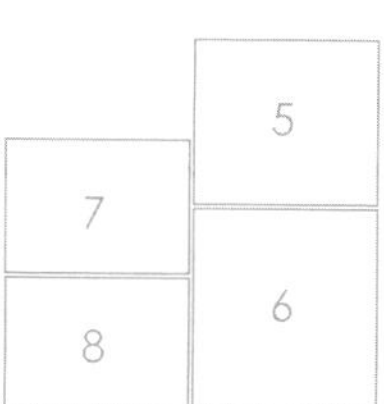

5.6. 為了陪伴我戒毒，阿母訂做了鐵門，把我關在房間內，我仍設法從門下小洞鑽出去。

7.8. 生命中第一個貴人蔡天勝，與他用心陪伴的更生人志工們，一起回到花蓮靜思精舍。

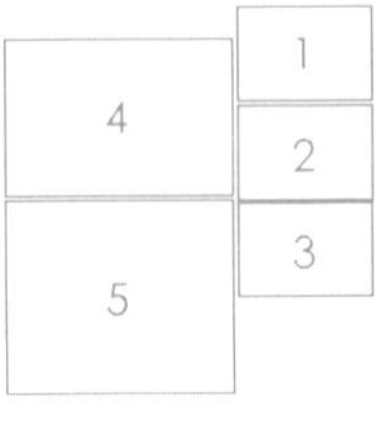

1. 加入慈濟志工後，在環保日向大眾懺悔。（攝影／詹大為）
2. 以戲劇方式呈現過往人生的不堪！（攝影／邱垂崇）
3. 曾經布滿針孔的雙手，也能助人。（攝影／柯秋源）
4.5. 參與人文真善美志工，用心書寫他人的真善美，也遇見自己人生的真善美。（4. 攝影／柯秋源）（5. 攝影／邱垂崇）

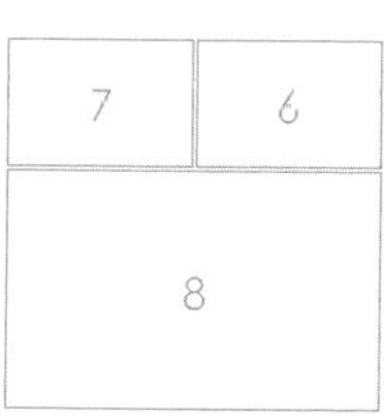

6.7.8. 因為曾受毒品危害，所以致力於防毒宣導。

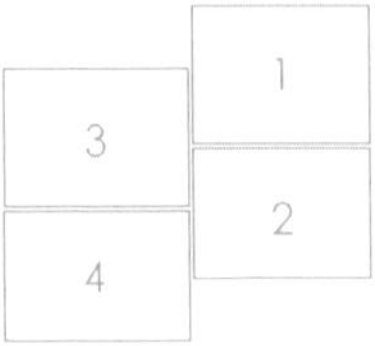

1. 生命中的第二個貴人李承旻（左二），協助開設包包店。

2. 創業是艱辛的開始，也是翻轉人生的起點，身累，但心甘願。（攝影／邱垂崇）

3.4. 同為翻轉人生的楊九如師兄，協助在店門口加設杏仁茶攤。（攝影／邱垂崇）

5. 旭青獎。　6. 反毒真英雄。

7. 更生保護會邀請我參加「幸運草市集」，分享經營的產品，許多貴人前來相助。（攝影／邱垂崇）

8. 與春暉志工在彰興國中進行防毒宣導。（攝影／黃春興）

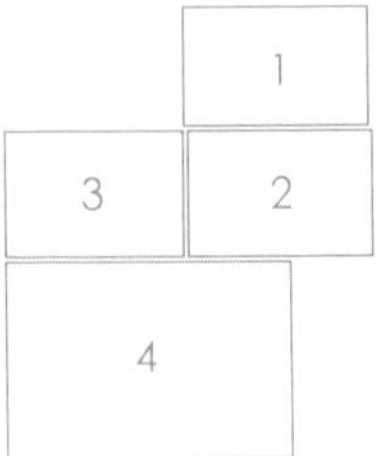

1. 用心關懷更生人、收容人與其家屬。
2. 阿佳出獄後求助於我，有了穩定工作，也投入防毒宣導，奈何抵不住誘惑，因吸毒過量暴斃家中。（攝影／詹大為）
3. 重返彰化監獄與「老友」相見，實現自我許下的承諾。（攝影／簡淑絲）
4. 鐵窗外的誠與情團隊，致力於反毒不停歇。後排左一是我的良師益友詹大為師兄。（攝影／陳福成）

推薦序

人生不再NG

王添盛

「每個聖人都有過去，每個罪人皆有未來。」十九世紀愛爾蘭劇作家王爾德（Oscar Wilde）如是說。

「仙人打鼓有時錯，腳步踏錯誰人無」、「知過能改，善莫大焉」，在人生的道路上，犯錯在所難免，對於觸犯法律而受刑罰的更生人而言，擺脫錯誤的過去重新開始，是條漫長又艱辛的路。除了自身的醒悟及堅定向善的毅力之外，家庭、社會的接納和穩定就業，是兩大重要支柱。

更生人的重生，需要非常大的毅力和勇氣，罪與罰、身癮與心癮不斷交替，除了苦澀的鐵窗歲月，心靈亦飽受禁錮與煎熬，只有絕對的悔改意志與堅毅向上的決心，才能喚醒良知本性、找回自信。

臺灣更生保護會對於更生人，從原有的直接保護、間接保護、暫時保護三大類保護方式，含括收容、安置生產、家庭訪視、輔導就業、輔導就學、輔導就醫、資助返籍旅費、醫療補助等，隨著時代的演變，與時俱進為更生人辦理各種技能訓練、更生事業貸款、獎助學金、急難救助及出監追蹤關懷與家庭支持服務、社區關懷活動等措施。

近年來在法務部各級長官的指導下，大幅度擴展更生保護事業，包括入獄前的入監宣導及輔導，以建立先期輔導關係，並預為出獄後輔導的準備，保護對象亦擴及個案家屬，推展更生人家庭支持服務方案，先後辦理「慈暉」、「孝悌」更生人家庭選拔等；二〇一六年更辦理了「反毒真英雄」，表揚轉型成功的毒品案更生人。

為肯定更生人自力更生的價值，同時讓民眾看到他們努力的成果，本會也舉辦了多場區域性或全國性更生人商品行銷市集活動，獲得廣大回響。

藉「幸運草」隱身草叢中，雖微小、柔弱，平凡而不起眼，卻能引領發現者照見平凡中的幸福、生活中的喜悅，歷次活動定名為「幸運草市集」，隱喻更生人重生的意義。

高肇良先生出獄後確實秉持行善真理，身體力行加入社會公益志願服務行列，與彰化區慈濟志工成立「鐵窗外的誠與情」團隊，積極投入監獄及校園反毒宣導，並幫助獄中收容人找到人生方向，確實堪為更生人典範，也因而獲遴選為二〇一六年度的「反毒真英雄」。

從高先生的生命故事裏，我們發現其成功更生的重要關鍵，除了本身自我覺醒與懺悔而找回清淨本性，體悟「生命就在呼吸之間」，生與死不是自己所能做主，「行善、行孝不能等」而決心行善外，相關慈悲善心人士的關懷、陪伴，以及家人的不離不棄，是讓他卸下了無形的枷鎖，成為通往光明未來的橋梁。

欣聞高先生願意將其一生如何身受毒害、深陷毒海，以至成功戒毒、翻轉為拒毒、反毒等社會公益者的生命故事付梓，個人備感欣喜，並樂予為之寫序，以資勉勵與推薦。

相信本書的問世，可以鼓勵受毒品危害的更生人，找到重新出發的希望與方向；在毒品危害嚴重的社會裏，能點亮一盞明燈；在年輕學子的心裏，能立起一面堪為警惕的借鏡，並在反毒宣導和生命教育活動中，成為一份最佳教材。

衷心希望社會大眾閱讀本書後，能激起共鳴與感動，喚起更多慈悲與溫暖，並伸出手牽引迷失無措的人，揮別黑暗，讓ＮＧ的人生有機會重來，以開創光明璀璨的人生下半場。

（本文作者為臺灣高等法院檢察署檢察長、財團法人臺灣更生保護會董事長）

推薦序

心靈導引

黃玉垣

「人不能選擇自己的出生，但能創造自己的天空」，一句鼓勵人在逆境中奮發的良言，何嘗不是對現實殘酷的反思與吶喊。

一個人身處的環境，不論是成長的家庭、研習的學校，或接觸的親友、互動的同儕，沒有任何人是完全相同的，即使在同一屋簷下成長的兄弟姊妹，都可能因某個環節的歧異，而導出各自不同的人生旅程，更何況不同階層的社會大眾，在各自際遇下所呈現出的不同人生面相。

作者高肇良先生，曾是一位放蕩不羈的迷途羔羊，因思慮淺薄禁不起誘惑而接觸毒品，正值青春，卻得在矯正機關虛擲年華。

初時，他還憤世嫉俗、偏執社會不公，但也因與原本身處的環境隔離，有機會接觸別於往昔的輔導教化課程，因而洗滌心靈、反思悔過，從中肯定自我、重拾信心。

當他漸從泥淖中走出時，遽聞親人過世，無法返家奔喪，一分期待親人看到自己浴火重生的願望破滅，頓時百感交集、悔不當初。

他自我惕勵，立下誓言，出獄後除戒掉菸、毒等不良習性外，更要積極投入職場、自力更生，不使自己成為社會負擔，並以親身經歷作為活教材，深入校園、返回監所巡迴演講，務必使青少年認識毒品、拒絕毒品，同時也鼓舞更生人勇於重生。

迄今，他創業有成，將收益提撥一定比例從事公益、回饋社會，也積極參與更生保護活動，不論是更生市集、反毒宣導，都能看到他的身影，可說是成功的更生人典範之一。

檢察署的核心工作，固在扮演國家刑事訴訟的啟動者與終結者的角色，但在現今新的刑事思潮下，檢察署不再自我局限於偵查犯罪、蒞庭論告、刑罰執行等訴訟流程的處理，而是積極投入源頭的淨化及追蹤後續的輔導，方能建構完整的司法保護網絡。

本書不僅是可供莘莘學子參考的法治教材，更可作為更生人重生的心靈導引，本人有幸獲邀作序，聊以文字幾許，以為共勉。

（本文作者於二〇一九年榮升法務部保護司司長）

自助是關鍵

黃俊棠

二〇一六年底，臺灣全省監獄有高達百分之四十九點五的收容人，係因觸犯毒品危害防制條例而入監服刑。此亦顯示，毒品的氾濫不僅是對吸食者個人身心的傷害，更是社會治安顯而易見的威脅與沈重負擔。

作者從成長的彰化永靖高厝開始，娓娓道來其父母的關愛之情、求學時的荒唐行徑以及服役時的衝動舉措等，帶領讀者進入他與毒品屢敗屢戰，充滿故事性的人生。

對作者而言，人生關鍵的偏離在國中時期，因同學的誘導下吸食安非他命，此後約有二十年的人生只剩毒品。

毒品，不僅讓作者失去自由，還包括賴以維生的工作、家人的信任以及做人的尊嚴，飽受吸食、戒斷、復發等不良循環的折磨。

「一個人吸毒，全家都痛苦」，是作者沈淪毒海，反覆進出警察局、地檢署、法院及矯正機關後的深刻體會，也反映出毒品的危害性及戒除困難度。

作者在歷經父親辭世以及幾近喪命的車禍後，終能懂得檢討自己，興起改變的念頭。正所謂自助人助，慈濟的適時出現，讓作者在信仰的引領下，從心開始，一步一步地實現戒毒的自我承諾。

作者在服刑期間做出戒菸、自學、堅持信仰的決定，也成為成功復歸社會、戒除毒癮的重要基石與信心，最終不但戰勝毒品的誘惑及旁人異樣眼光，重新贏回人生的主導權外，更在監獄、校園及社區擔任志工，貢獻一己之力服務社會，幫助類似遭遇的更生人，著實令人敬佩與感動。

這是作者的故事，也是許多藥物濫用者的生命經驗。作者能以過來人的身分回到監獄現身說法，我相信可以給許多當下人生遭遇困境，而仍在猶疑徬徨的收容人，增添許多信心。

監獄只是收容人暫時停留、改悔向上的地方，絕大多數收容人終歸要回到社會，如果我們不願張開雙手接納，又如何能使得他們具備勇氣再次抬頭走入人群？

誠如作者所說：「人不怕錯，只怕不改過。」在社會接納的同時，最重要的仍是犯錯者要有想改變的決心，我衷心期待藉由此書的分享，可以啟發與激勵在社會各個角落中的藥物濫用者，或正遇到人生挫折的失意者能勇敢奮起，如作者一樣地成功翻轉人生。

（本文作者為法務部矯正署署長）

推薦序

不受轄制

洪宗煌

乍暖還寒三月天，在慈濟志工陪同下，肇良來訪。他謙和有禮地遞出即將付梓的書稿，邀請我寫序，我毫不猶豫地欣然答應。

那是他自己的真實故事，以自傳體方式自我坦露，娓娓道出從穿著藍白拖的吸毒犯，到穿著藍白制服的反毒志工，角色上的天壤之別，心境上的巨大轉變，讓人生從此改變。

僅有國中學歷的肇良，未曾受過寫作專業訓練，但憑藉著卓絕毅力與一分想助人的真誠，耗時費日地寫下每一段屬於自己的故事，期盼藉由文字具體的描述，提供想法以協助為毒品所苦的人，以及他們的家人或是整個社會。

隨著書頁的翻閱，愈發令人感佩與感動肇良的立意與精神。

我從事矯正工作四十餘載，最期盼的是踏出監獄的更生人，尤其是施用毒品的人，能徹底地痛改前非、幡然悔悟，從此與監獄隔絕。然而，事與願違。就像大家所熟知的，毒品犯的再犯率至今仍然居高不下，許多人會問：「監獄對毒品犯的矯治是否具有成效呢？」

我必須說答案是肯定的。矯正機關各項處遇均具有學理與實證根據，對於毒品施用者日後更生拒毒的信念，絕對有一定的成效。

但為何收容人在走出矯正機關後，會再度吸毒呢？誠如本書所言「心癮，是存在意識裏」，離開了監獄，回到熟悉的社會後，很容易在某些因素下，再喚起施用毒品那種情境與意境。

「一日染毒，終身戒毒」，因此，對於戒毒成效的良窳，不應僅針對矯正機關在教化處遇上的探究，宜就國家整體策略進行檢視，並與社會的民間力量相結合，方能達到事半功倍的效果。

《聖經》上說：「凡事我都可行，但不都有益處；凡事我都可行，但無論哪一件，我總不受它的轄制。」（哥林多前書六章十二節）提出了行為的基本原則，在積極方面要「對自己有益處」，消極方面則要「不受它的轄制」。

我想，吸菸、喝酒、賭博及施用毒品等行為，行為者只要捫心自問：「這些習慣對自己的身體、心靈是否有益處？是否會因此受到轄制呢？」答案無非是肯定的。

謹以此文與讀者共勉！最後，也期待仍沈迷於毒海的朋友們，能以肇良戒毒成功為典範，跟隨他的腳步，從黑暗走向光明。

（本文作者為法務部矯正署彰化監獄典獄長）

一鳴天下白

吳永達

在進入雞年的當頭，得知慈濟人文志業要為肇良、舒亞以及一起努力學做毒癮者與更生人生命導師的志工們出版新書，讓一幕幕的生命故事躍上紙面，成為一盞盞啟發良善的明燈，內心至感欣喜。

憶念肇良從年少輕狂，到現在「一鳴天下白」的胸臆，就宛如唐朝詩人李賀，在〈致酒行〉中「我有迷魂招不得，雄雞一聲天下白。少年心事當拏雲，誰念幽寒坐嗚呃？」的場景再現！

是啊！只要心中有理想，即使年少無知，曾讓靈魂失所、生命迷航，都再站起來，發出像雄雞般穿入雲霄的高鳴，讓自己與未來世界重啟光明，而不是只能一味坐在幽暗的角落悲鳴哀嘆，等待憐惜。

這樣的書籍，剛好在具有「吉祥」、「積極」、「機會」、「奇蹟」諸多含義的雞年裏發聲出版，真是稀有難逢，也別具意義。

眾人皆知，毒品一直以來都是紛亂社會與生命價值的燎原火種，它伴隨著各種不同的美麗藉口，猶如地獄之火，不分國界、種族，不斷地延燒、宰制人心與意志。

全球每年因濫用毒品致死的案例不計其數，更多的人因為吸毒喪失生活能力，更遑論透過販毒與吸毒所誘發的各種犯罪。

在實務工作中，我們發現毒癮者與更生人能夠成功翻轉人生的關鍵，包括「自己意願、家人不棄、遠離惡緣、貴人陪伴、要有工作」五大要素。

首先個案要有決心，而個案的決心又來自其生命當中有無條件關愛他、重視他、永遠等他回頭的人。

這樣的人，包括親人與身邊的善友。而肇良、舒亞以及一起努力學做毒癮者與更生人生命導師的志工們，在本書中所呈現的一幕幕場景，正好印證這樣的生命意涵。

肇良、舒亞在慈濟真善美志工的場域裏，相知相許；在家業裏，孕育了聰明乖巧的小菩薩「水水」；在志業裏，凝聚了一群慈悲喜捨的大菩薩，成立「防毒宣導」、「鐵窗外誠與情」工作團隊，讓洗滌人心的暖流，從「慈濟彰化分會」、「大包小包生活館」、「阿良古味」為起點，行遍每個學校、社區與監所。

這樣的因緣，也讓我想起在若干年前擔任觀護人時，最常樂道的一則寓言故事。故事的內容是這樣的——

有一位老禪師，睡到半夜聽到小偷從窗戶爬進來光顧的聲音。他暗地裏觀察，見小偷進屋後翻箱倒篋，終於找到屋子裏僅有的五毛錢；正當小偷得手，想再從窗戶翻出去的時候，老禪師開口講話了：「你從錯誤的地方進來，請從正確的地方出去！」

原來一窮二白的老禪師，房門根本沒有鎖，小偷犯不著辛苦地從窗戶爬進爬出。小偷知道行竊的過程都被老禪師看在眼裏，羞愧地打開房門，想迅速離開。這個時候，老禪師又說話了：「你難道連謝謝都不說一聲？」小偷訝異地回答：「我為什麼要說謝謝？」老禪師告訴他：「你只要說了謝謝，這五毛錢就不算是偷的了！」

在這則寓言故事裏，老禪師用了兩個暗喻，第一個暗喻：「你從錯誤的地方進來，請從正確的地方出去！」告訴偷兒「人不怕犯錯，只怕不改過」；第二個暗喻：「你只要說了謝謝，就不算是偷了！」更透露出老禪師慈悲為懷的恢宏氣度與人間智慧。

於是，我們了悟，原來家徒四壁、連房門都沒得鎖的老禪師，雖然表面上看起來是「一無所有」，但是他展現的寬容與智慧，卻「無所不有」地涵攝了人間最可貴的「真、善、美」。

他的短短幾句法語，對貪婪無知的小偷，是一條人間明路的指引；對沈迷徬徨的芸芸眾生，是一劑醍醐灌頂；對有志於從事更生輔導的夥伴們，更是一則值得終身學習的價值典範！

謹藉本書的一隅，與肇良、舒亞以及所有正在為毒癮者與更生人啟發良知良能的志工朋友、讀友們共勉，並為之序。

（本文作者為法務部司法官學院犯罪防治研究中心主任）

將心比心想

張云綺、侯淯荏

手裏捧著高肇良的新書初稿，見其文筆流暢、內容平實易讀，宛如感受他就站在面前，娓娓道來自己前半輩子離經叛道、忤逆父母、沈淪毒海、窮途潦倒的過往。

這種讓「父母萬分傷心」、「手足咬牙切心」、「警察上門關心」的循環情節，並非高肇良個人獨特寫照，而是絕大多數毒品成癮施用者，都會經歷的歷程；也再次印證「毒品連一次都不可以碰」的真諦，因為只要接觸，就會對個人產生難以自拔的恐怖控制力。

慶幸的是，高肇良能在一次重大事故中幡然悔悟，重新設定人生的目標，毅然脫離毒品世界，堅持至今不變。

高肇良不僅深入學校、矯正機關宣導防毒，另一方面也持續運用本身、慈濟團體與社會各界的資源，協助更生人及其家屬，與法務部保護司近年來推動的「更生人家庭支持方案」相契合。

我們發現，許多家庭因為更生人的缺席或錯誤行為，面臨分崩離析或危險狀態，而更生人要回歸社會、改變人生，家庭的角色又是不可或缺，因而如果能把家庭狀況穩定下來，則能安定更生人的心，對他後續復歸社會的幫助是很大的。

只是這樣的發展，不是每個毒品成癮施用者都能有。難能可貴的是，高肇良戒除毒癮後，不以獨善其身為念，而是發揮大愛精神，挺身為更多在毒海浮沈的收容人與更生人伸出援手、提供關懷，讓他們看到成功是有希望的，也感受到這個世界並未放棄他們，只要有心、且能堅持。

雖然幫助的過程可能無法盡如人意，甚至失敗率高，但就如高肇良在書中所言，他能以過來人的角度轉念思考，縱然希望被關懷的人能戒掉不好的習慣，但如果凡事依照自己的角度去看待、去思考，可能沒辦法真正幫助到他們。

人的習氣有時無法馬上改變；慢，沒關係，還是可以到達目的地、到達終點。凡事因緣觀之，無須勉強，這樣「隨緣盡分」的觀念，正是能夠提供許多從事戒癮工作者深思琢磨的。

許多從事戒癮工作者，常因受助者接連復發，而從初期的高度熱情，轉變成後期的灰心與放棄；因此，若能從受助者的角度思考，方能保持自身對助人工作與對受助者的熱情，不致被高失敗率所擊潰。

法務部保護司連續三年邀請高肇良到司法官學院觀護人訓練班，對初任觀護人的學員講授「更生人分享課程」，就是著眼於地方法院檢察署觀護人的職掌，是要幫助剛從監獄假釋出來的受保護管束人，讓他們能重返正途，順利回歸社會。

因此，了解受保護管束人的實際想法與需要，是觀護人所必須具備的。透過高肇良的分享，相信能帶給觀護人不同的啟發，以備在將來能以更寬、更廣的視角，來面對每天所要從事的例行公事。

為此，謹代表法務部保護司感謝高肇良與謝舒亞賢伉儷的付出與貢獻。雖然謝舒亞始終隱身在高肇良之後，但我們知道成功的男人背後，多少會有一雙隱形的推手，一位默默付出的女性；我們也期待在他們的引領下，未來能夠有更多的更生人脫離毒海，重獲新生！

（本文作者為法務部保護司副司長、保護司宣教科科長）

堅持說不的決心

鄧進權

不要害怕黑暗，因為白晝即將到來；不要害怕寒風，因為旭日仍高掛天空；不要害怕毒品的誘惑，只要我們能夠堅持說「不」的決心、堅持不怕挫折的心和一顆自律的心，就可以勇敢地拒絕毒品。

我曾經看過一則報導，一名男子進了戒毒所，但是只要毒癮發作，他仍無法控制自己，因為他沒有一顆堅持說「不」的決心。他說：「為了買毒品，許多我不想做的壞事，我都做了；為了買毒品，我傷害了所有愛我的人！」

本書中的高肇良先生也是如此，更甚的是，他在父親往生時，帶著腳鐐、手銬，跪著、爬著進靈堂祭拜，縱然如此的情何以堪，仍深陷在毒海中無法自拔。最終，他靠著一顆堅定的心，幫助自己在面對毒品時，勇敢地說「不」，因而走出不一樣的人生。
曾有一位國中校長沈痛地說：「現在的國、高中生，恐怕將近三分之一，甚至更多的人，碰過毒品！」這位校長或許言過於實，但校園毒品事件，確實時有耳聞。
新聞報導中，曾見一位美食家兩次吸毒被捕的消息，是因為受不了挫折與壓力，才無法拒絕毒品的誘惑，毀了自己的一生；美國歌唱天后惠妮休士頓，曾經用歌聲感動很多人，卻也因事業走下坡時，無法走出情緒低潮，選擇使用毒品麻醉自己，最後走上不歸路。
因為沒有一顆不怕挫折的心，他們無法面對現實，才會染上毒品，受毒品控制，毀了自己的人生。
書中，高肇良先生充分明白「現在能做，不代表以後還有機會做」，誠然是因為他曾經身在其中，也知現在毒品氾濫比以前更嚴重，因而戮力於反毒，並加快腳步到監獄關懷及校園反毒宣導。
二〇一七年二月十七日，慈濟教育志業執行長蔡炳坤及高肇良先生等一行人前來縣府訪談，希望透過反毒團隊讓彰化縣成為無毒縣，於是開始了全縣各級學校防毒宣導的旅程。

高肇良先生及所有反毒團隊的信念是，「我們必須相信這些吸毒者、收容人或是更生人會展開善的循環，雖然沒法立竿見影，實會產生很微妙的效應；而如果我們都不做的話，一切就會無望！」

對於這些，身在教育界的我非常認同，也感恩高肇良先生能現身說法，並期待藉著書本的力量，和青少年及讀友們共勉，只有能勇敢地拒絕毒品，人生才能有不同的風景，也才能有精彩的生命可期。

（本文作者為彰化縣政府教育處處長）

細繩與鋼索的拉扯

洪青桂

鐵窗外，高牆內，陽光同樣普照；面向陽光，陰暗人生，已歸前塵……欣聞高肇良師兄所著《阿良的歸白人生》即將付梓，有幸受邀寫推薦序，內心感到十分高興。

書中，高師兄詳盡地回顧自身過往，坦誠地與讀者分享人生的黑暗面，從國小三年級抽了第一口菸，到吸食安非他命、海洛因，以致用針劑注射，信筆拈來肺腑之言，帶領讀者在字裏行間同步回首，咀嚼著他數度進出監獄，幾次在親友的細繩與毒品的鋼索間拉扯。

享譽臺灣兒童文學界作家——林鍾隆先生，在〈我要給風加上顏色〉的詩歌中，分別以「淺綠」、「濃黃」、「暗紫」，描摹「微風」、「強風」、「狂風」的不同顏色，對照毒品犯的成癮歷程，無疑是「旭日遮光」、「生命黑暗」，人生從此變調，自己與親朋好友何嘗不是捲入一場龍捲風裏，跟著翻騰、暈轉。

危機就是轉機，高師兄在車禍重生後，逐漸修正人生方向，入監後與《慈濟》月刊等書籍結緣，立下戒毒誓願，並以學習打字技能為目標，來穩定己心，加上有蔡天勝師兄等人的心路歷程分享與接引，讓他出獄後能在善知識群中學習成長。

生命中的貴人一一出現、扶持，良好的磁場中再造良緣，他成了家、立了業，並與詹大為師兄立下志願，終身從事反毒宣導工作，期許彰化縣能成為無毒縣。

勇壯少年本該熱血青春、創造社稷繁榮，卻讓毒品綁架了靈魂、侵蝕身心，對其家庭或社會在在造成耗損。

二〇〇一年，我有幸獲得彰化縣好人好事運動協會陳伯宗先生引領，加入榮譽觀護人協進會，協助更生人的輔導教誨，亦提供自家企業「泯峰鋼構」、「倆相好表演廳」等協助就業。

轉導工作至今十六年多，眼見來來去去的更生人，不論是性侵、槍炮、毒品犯，都曾施予援手，只盼能為社會盡心。每遇毒品犯與毒癮心魔拔河時，勞心費力之事在所難免，但就如高師兄書中所言，雖然能永絕毒海者少，但盼能救一人是一人！

高師兄娓娓訴說如何實踐與正道同行、反思立願，以及如何堅守正向心念的具體方法，殷盼此書能喚醒為毒品所困的人，也願更多的更生人能有信心、有毅力，點亮心中那盞明燈，照亮己身前程，願社會十方大德都能成為善知識群的提燈者，齊心努力點亮幸福人生的光明平安燈。

謹此，我予以衷心期盼！

（本文作者為彰化縣榮譽觀護人協進會第二十九屆理事長）

推薦序

戒毒成功才是真英雄

陳美玉

是什麼樣的心情？促使一個浪子回頭之餘，全力積極地投身公益！又是什麼樣的精神支撐？讓身心原本疲弱的勇者，堅定地走在反毒宣導的大道上！拜讀高肇良師兄的大作後，我心頭的疑問，豁然開朗！

二〇一五年八月十五日，我代表彰化縣迎向春暉認輔志工團參加慈濟大學「無毒有我．有我無毒」師資培訓研習；十一月十九日，我以社區總幹事身分，邀請高師兄蒞臨彰化市延平社區發展協會，為廣大社區民眾及春暉認輔志工夥伴分享他的生命故事，獲得熱烈回響。

浴火重生的更生人高肇良，因為年少輕狂誤入歧途，慘遭毒品殘害；然而他能及時翻轉人生，既幫助了自己，也幫助不少更生人及其家屬。

他勇敢發露懺悔，並奔走各地、現身說法，痛訴毒品氾濫的可怕，呼籲社會各界能重視毒品危害的嚴重性；他把過去的經歷化為文字、集結成冊，字裏行間，我讀出了人性的光輝。

他在國小三年級時，偷拿父親的香菸抽；國中二年級時，成群結黨、打架鬧事……儘管如此，都還未達十惡不赦的地步。直到不慎陷入吸毒的泥淖，厄運從此降臨。

他因借錢、偷錢、毒癮發作導致車禍受傷等事，造成家人、學校及軍中管理莫大的困擾；且在三十二歲而立之年，因毒癮發作痛苦難耐，借錢途中發生嚴重車禍，導致氣切、需仰賴鼻胃管進食，才痛下決心，從此戒毒！

天可憐見，那需要多大的毅力，熬過多少倍的痛苦啊！

全書讀畢，我深深感悟孟子所謂「人性本善」，所言不虛！高師兄從彰化監獄假釋出獄後，致力於志工活動，不畏自身更生不易，重返社會面臨工作與家庭都還剛起步，仍風塵僕僕地於學校及監獄間，分享他改過遷善的故事，力行反毒宣導共三百多場，因而於二〇一五年十月二十六日榮獲「旭青獎」，足堪任難能可貴的更生楷模！

眾人皆知，人類進化三部曲：是由「獸性（利己）」進化到「人性（互利）」，再由人性進化到「佛性（利他）」；因為人性存在善惡，為善為惡，存乎一心。

天堂地獄就在心中，一念之善就是天堂，一念之惡就是地獄。常人都會犯錯，知錯能改，善莫大焉！高師兄的親身經歷，就是最好的寫照！

守護下一代，責無旁貸！愛孩子，陪伴孩子，讓他們遠離毒害，是我投身、參與彰化縣迎向春暉認輔志工團的主要原因。

彰化縣迎向春暉認輔志工團，是一群由學校退休老師、教官、愛心媽媽及企業界好朋友所組成的公益團隊，平時除參與校外會推動各項反毒活動，更以無比的愛心、耐心，陪伴、關懷中輟、藥物濫用（吸毒）及行為偏差等需高關懷的學生。

校外會教官精心規畫各種不同的探索增能活動，希望激發孩子的潛能，努力幫助孩子找到生命的舞臺，而志工夥伴負責陪伴守護，經由親師溝通、友善家訪過程，更能讓孩子深刻感受到真摯的愛與關懷。

「身辛苦、心幸福！」是責任，更是使命。彰化縣學生校外輔導會謝孟椒督導常勉勵我們，只要對孩子有幫助，做就對了！春暉認輔志工做得很快樂，累得很歡喜，而我能與高師兄一同為當前社會刻不容緩的反毒重要課題而努力，實為榮幸。

吸毒不是英雄，戒毒成功才是真英雄！我佩服他的勇氣，更感動於他奉獻生命全力反毒的精神，謹以此篇短文，表達我由衷的敬意！

（本文作者為彰化縣迎向春暉認輔志工團團長）

防患未然才是治本

蔡炳坤

經云：「世間有二健兒：一者自不作罪，二者作已能悔。」意思是說，世間有兩種人可稱為勇者，第一種是能知道人生的道理，在待人處事上進退得宜，並能調和自我身心，不犯過錯；而另一種則是不小心犯錯後，能及時反省、悔改，也可稱為「勇者」。

高肇良師兄年少時，因一時好奇而染上毒品，步步走向歧途，身上數不清的針孔，不只傷害自己的身體，也讓家人的心千瘡百孔。

書中提及，當父親重病時，高肇良師兄想盡孝道，卻因毒癮發作而身不由己，最後只能帶著腳鐐、手銬送別父親。

有一天，他在獄中看到一本慈濟道侶叢書——《在藍天的懷裏，甦醒》，敘述十二位更生人的故事，讓他深感震撼，並重新檢視生命的意義——難道自己一輩子都要在鐵窗內、悔恨中度過？

一念心的覺醒，讓高肇良師兄決心洗心革面，儘管轉變的過程很辛苦，尤其要扭轉周遭人們對他的態度與印象，更是不容易。但他謹記證嚴法師的話：「懺悔才能得清淨，與其隱瞞過去，不如先坦誠以對，真心懺悔過往人生。」

他用行動證明自己轉變的決心，不只投入志工活動，更立下志願成為反毒的種子，積極走入全臺各個學校，與莘莘學子分享自己生命的故事。

有學生在聽完高肇良師兄的分享後說：「我覺得師伯最勇敢的地方，就是不僅戒毒成功，還願意攤開自己曾經犯的錯；也許他的分享，會讓自己再被傷害一次，但也讓我們清楚知道，要如何避免走上這條不歸路！」

「人不怕犯錯，就怕不改過。」曾經走上歧途的人，只要願意改過，還是能翻轉人生，迎向璀璨的光明。

高肇良師兄將自己的心路歷程寫成書，字字血淚中只有一個心念，從源頭讓青年學子們清楚「毒品不能碰、歹路不能走」，不要等進入監獄再來教育，因為這只是亡羊補牢，付出的社會成本太大了！

（本文作者為慈濟教育志業執行長）

目錄

阿爸，您的孩子回來了！

毒品，讓我陷入牢獄近十年。那十年，我沒有名字，大部分時間被三個或四個阿拉伯數字所取代；縱使身處社會上，也常被人們或新聞報導稱為「毒蟲」！

一九九〇年代，民風純樸的鄉下，某一家庭的孩子染上毒品，父母往往最後一個知道，我的父母也不例外。一旦左鄰右舍知道了，也盡是相互推卸與責備：「都是誰家的孩子，帶壞我們家小孩的……」

陷入毒海浮浮沈沈近二十年，我非常痛苦，有如掉入急流漩渦中。每次父母伸手想拉住我時，我因為難以忍受毒癮發作的痛楚，而一次次地甩開他們的手，放棄求生意志。

這樣的日子，日復一日，年復一年。

在彷彿無窮盡的輪迴裏，我很幸運地成功戒毒了。從毒品的枷鎖重生十年後，有鑑於現今毒品氾濫、嚴重危害家庭社會，因此期盼能將過去深受毒害，以及出獄後如何成功戒毒、翻轉人生的經過，透過文字集結出版，提供正在為子女不慎染上毒品而感到束手無策的父母們，一個可行的、成功的戒毒方法。

祈願此書能廣泛流通於社區、學校、軍營，作為毒品防制教材，讓時下年輕人以為借鏡與警惕，進而發揮防毒、拒絕毒品的本能。

更願此書，以文字翻越高牆，在黑暗中點一盞燈，指引更多收容人及更生人看見更生甦醒的方向，點燃重生的希望。

人間有愛，社會有情，愛不漏接——感恩在我人生行至絕境斷崖處，於彰化監獄服刑時能得聞佛法、懺悔過往，皈依在證嚴上人座下，亦感恩慈濟法親及家人的接納，並持續陪伴、關懷，讓我找到人生新方向。

自力更生不易，一路走來，我深受到許多政府機關及民間團體的協助——

感恩法務部矯正署彰化監獄教誨師、主管於獄中的鼓勵，並於出獄六年後經蕭妙奇教誨師建議，提名推薦獲選二〇一五年度更生人最高殊榮「旭青獎」。

感恩臺灣更生保護會舉辦全國「幸運草市集」，協助推廣我所經營的「阿良古味」產品，讓原本不擅行銷的更生人，面臨創業困難時，有平臺可以增加曝光率及穩定收入，其彰化分會亦於二〇一六年度推薦我獲選「反毒真英雄」，見證「更保」之愛！

感恩彰化縣府教育處協助彰化區慈濟防毒宣導團隊走入全縣各級學校，與學生校外會春暉志工一起為全縣成為無毒縣而努力，示現防毒拒毒人人有責，守護下一代責無旁貸。

感恩最親愛的媽媽及家人，不離不棄的等待！

感恩岳父、岳母，成全我有個圓滿的家庭！

感恩太太舒亞的支持，做我背後的推手！

感恩慈濟彰化人文真善美團隊，做我強而有力的後盾！

感恩邱淑絹師姊協助本書的企畫與催生！

謹以此身、此書，將內心最深處的感恩，回向於遠在天上的爸爸，
讓他聽我說一聲：「阿爸！您的孩子已經回來了……」

高厝通人知

彰化永靖高厝，是一個龐大的聚落。早年，高家祖先從大陸福建來到永靖，蓋了座傳統的大型四合院落後，落地生根。隨著子孫繁衍，人口漸多，便往四周擴建。

經過幾世代，原本的高厝已住不下，便再往後延伸出一大片的區域。日久，人們為方便稱呼，喊前面區域為「前高」，後面區域則是「後高」，最盛時期，前高加後高有多達兩、三百人居住。

可以想見，在這樣密切的關係下，無論哪一戶人家、家裏發生了什麼事，很快便會傳遍前、後高，舉凡誰家要娶媳婦、誰家的孩子考上哪所學校、誰家的丈夫酒醉鬧事……白天發生的事，到了傍晚便會傳遍整個高厝。

我家住在後高，是一座傳統的泥造竹管厝，房子老舊破損。冬天，刺骨寒風會從縫隙裏呼呼地吹進來；夏天則是日晒嚴重，把整個屋子烤得像火爐似的，讓人整天汗流浹背。

颱風來時，整間屋子會被風吹得窸窸窣窣，好似要被吹垮了一般；我們四個孩子很害怕，就會到父母的房裏跟他們擠著睡。

附近還有一處豬寮，不論吹哪個方向的風，四周都會瀰漫著一股豬屎味。

早期的鄉下，很多農家除了耕田種菜之外，還會兼一些副業來貼補家用。其中，養豬是最常見的一項，幾乎家家戶戶都會搭個豬寮、養幾頭豬；豬隻長大了，會有豬販仔來收購、宰殺後批發給豬肉商。

大豬賣出去後，養豬的人會立刻再買進小豬。有些小豬是向人買，有些是自己養頭母豬來繁殖。豬仔生多了還可以賣給人家養，多少也是一份收入，對家計很有幫助。

母豬要生小豬仔就得配種，因此衍生出「牽豬哥」這種專門為母豬配種的行業。

天色微明，四周一片寂然。大家都還在睡夢中，牽豬哥的人就已經牽著豬哥來到豬寮進行配種。接踵而來的，是劃破天際的母豬尖叫聲。對年幼的我來說，這聲音分明就是「魔音穿腦」，不但打斷我的睡眠，還驚擾我的美夢。

養豬人家還會利用緊臨我們屋旁的空地晒豬大便！不但臭氣沖天，還引來了很多的蒼蠅滿天飛。更可怕的是萬蟲鑽動的豬屎蟲，有時會爬行到我們竹管厝的牆角，爬滿牆壁，再從縫隙鑽到屋裏來，非常噁心，又令人害怕。

豬隻養大販賣出去時，又是從我家門前巷子過，沿路遺留下來的禮物，就是一坨又一坨臭氣沖天的豬糞。

長時間被豬寮的環境困擾，讓我從小就非常痛恨豬隻，總是想盡辦法要對付牠們。每當有人牽豬哥來時，我就會跑到屋外，拿起石頭瘋狂地丟豬哥洩憤。

丟中後，豬哥會抓狂，追著我跑。豬哥跑的速度很快，這時候我只要趕快爬到樹上就贏了。

調皮的我會在樹上挑釁大喊：「來啊！來啊！我才不怕你咧！

哈！哈！」我知道豬哥不會爬樹。

若看到豬寮的母豬又脫逃，跑出來到處閒逛拉屎，我就會趕快跑到廚房拿鹽巴，快速側身穿過屋旁的窄巷，右腳一抬、左腳一蹬，翻越過養豬場的水泥土牆後，把鹽巴倒入豬飼料槽裏，異想天開要將豬毒死。

養豬場主人發現我又搞怪，鐵青著臉，氣呼呼地抄起竹棍，殺氣騰騰地追了過來。我將整包鹽朝豬寮亂撒一通後，拔腿就跑。養豬場主人死命地追，而我飛毛腿的外號也絕不是浪得虛名。

養豬場主人追不上，便找我阿爸告狀。阿爸對住家環境也是滿心無奈，但愛好面子的他，被人投訴自己的小孩沒家教，想當然爾，我也就免不了吃一頓「竹筍炒肉絲」。

一次過年，可惡的豬仔又在我家門口大便。我靈光一閃，想到一個絕招——將點燃的「水鴛鴦」塞進整塊肉中，再讓豬隻吃進肚子裏，這樣就能像廟口演的電影情節一樣，「轟」一聲爆炸時，豬隻一定也會被炸得血肉模糊。養豬場裏的豬死光光，就再也沒有豬大便囉！

我愈想愈得意，嘴角忍不住一直往上揚。當我拿著水鴛鴦「炸彈」，準確地丟到豬的面前，滿心期待地盯著牠們一口將炸彈吃到肚子裏。豬果真慢條斯理地站起來，並緩緩地將肉塊吃下，一邊吃著，一邊口水還滴得滿地，細嚼慢嚥後，又滿足地躺下……

我躲在圍牆邊，靜靜觀察了許久……咦！炸彈怎麼沒有爆開呢？原來現實世界與電影情節，是不一樣的。

小學時期，除了每天到學校上課，其餘時間必須到田裏幫忙摘茉莉花。那時流行茉莉花飲料，會有商人來大批收購，秤斤算兩地買走。自家的摘完，就去幫別人摘，一樣是依斤兩計價。

摘茉莉花是一件苦差事。要一直站著，且要伸長脖子，全身經常痠痛不已。

除了摘茉莉花，阿爸也會拉著我和雙胞胎弟弟一起到田裏工作。我排行老三，少了老大該有的責任感，也沒有老么的細心體貼。那時只顧慮自己身體會痠痛，沒有想到父母的辛苦更是加倍，總會想盡藉口、找盡理由，不跟阿爸一起去田裏工作。

阿爸等到不耐煩了，只好落下一聲：「恁兩個！等一下要自己過來喔！」便自行騎著機車往田裏去了。

豔陽高照的大晴天，在屋內已是熱到受不了，更何況是毫無遮蔽的田裏。看到阿爸走遠了，我與弟弟兩人馬上跑到家中供奉的土地公神位旁，胡亂地點了三支香，燃燒著金紙，學著廟裏陣頭跳七星步，學廟公畫符咒，口中念念有詞：「拜請！拜請！天清清、地靈靈、太上老君、急急到壇前……拜託天公伯呀趕快下雨喔！我們的命運都靠您了！」

我和弟弟天真地以為祈求下雨，就可以不用到田裏幫忙。七星步跳了老半天，土地公伯一點都沒幫上忙，阿爸已經拿著竹子追回來；想當然，我們又是被打個半死。

我也常以「讀不來」為藉口，逃避念書，從小學四、五年級開始，數學考零分已是家常便飯。

有一次，住隔壁的堂哥看到我考零分的數學考卷，揶揄著說：「零分！隨便用猜的，也能猜得到一、兩題啊！怎麼可能連猜都猜不到啊？怎麼這麼笨！」

他不僅嘲笑，還將我的考卷貼在巷口展示。考零分的事，馬上傳遍了整個高厝，不僅自己顏面盡失，也讓父母臉上無光！我雖然羞愧，但因不喜歡讀書，從此是「讀冊，愈讀愈冊（討厭）」。

阿爸的工作

永靖，是苗木之鄉。迤邐的綠地，種滿了各式各樣的果苗、花苗。走入鄉間小路，花田間種滿花卉、景觀植栽，猶如漫步在一座大花園裏，很是愜意。

清晨便可見頭戴斗笠、綁著花布巾的農婦，趕早彎腰在花田裏忙碌著，鬆土、剪枝、裝盆……搶在陽光炙烈前投入工作；一直忙到十一點多，陽光開始毒辣了，才休息吃飯；下午三點左右，又繼續著上午未完的工作，直到日落西山，方才回家。

永靖大部分人家，是靠種植苗栽生活。花農看天吃飯，太陽酷熱時，必須揮汗辛苦工作；一旦刮颱風或下大雨，付出的心血，就付諸流水了。

在門市的每一盆花，到消費者手上，價格起碼翻了三倍以上，但花農辛苦種植花卉，卻只有微薄利潤。

我們家世代務農。阿爸除了耕作祖先共同持有的一小塊田地，還攬下別人田裏的工作；大哥和大姊相繼出生後，為了養家活口，又向大地主承租一塊地。

田裏工作繁忙，大大小小的事，全靠阿爸和阿母每天摸黑趕早下田，一直到太陽下山，伸手不見五指，方才回家。

「透早就出門，天色漸漸光，受苦無人問，行到田中央。行到田中央，為著顧三頓，顧三頓，不驚田水冷霜霜……」就如這首歌所描述，務農不但要拔草、挹肥、巡田水……要摸黑趕早，不畏冬天寒風凜冽，更要不怕夏天炎陽炙熱；阿爸和阿母為了我們四個孩子，不問冷熱寒暑地在田裏工作，毫無怨言。

一九五〇年代，政府大力推行三七五減租，阿爸才有機會以貸款方式向大地主買下耕地，有了屬於自己的一塊田。

有了田地，卻多了一筆貸款要還。當農閒時，阿母就到其他樹苗園幫忙「綁栽仔」——嫁接樹苗，賺取微薄工資來貼補家用。

阿爸、阿母沒日沒夜地工作，連生吃都不夠，更不用說剩下來曝干了！

我和雙胞胎弟弟出生後，阿母無暇照顧我們，只好帶到田裏，挖個土洞、鋪上報紙，把我們放進去。我們爬不出去，只有等到喝奶時間，阿母才會放下手中的工作，過來餵奶。

隨著我們四個孩子漸漸長大，家裏的開銷漸增。阿爸聽說開砂石車是算「車次」的，價碼還不錯，一天若能跑個兩、三趟，對家裏的經濟不無小補，於是借錢買了一輛無牌的老舊三輪拼裝車，即俗稱的鐵牛仔車，開始兼差載運砂石。

每天天未亮，阿爸就到田裏忙碌，接著到三十公里外的二水鄉濁水溪旁的砂石場，裝載砂石到指定的建築工地；傍晚回來，又到田裏工作，日復一日。

這種三輪鐵牛仔車，既無牌，又是拼裝，只能慢慢開；阿爸為了多跑幾趟，拚速度，竟連高速公路都開上去，因此被警察攔下。我們家成為高厝第一個被刊在報紙社會版的代表，阿母非常生氣，念了他好幾回。

還有一次，阿爸載了滿滿一車的砂石，沿著狹小的山路，準備從員林翻過一座山頭，送到南投一處建築工地。砂石很重，山路陡峻，鐵牛仔車爬不上去，阿爸拚命踩油門，奮力爬上陡坡，接下來卻是連續急彎的險降坡。阿爸額頭冒汗地連踩煞車，卻煞不住滿載砂石的鐵牛車往前衝的力量，連人帶車衝進樹林裏，往山下滾去！

家人接獲消息時，阿爸已被送往醫院急救。幸好他命大，只是外傷。人是救了回來，拼裝車卻已摔爛，無法再開。在阿母堅決反對下，阿爸只好放棄這行業，轉而從事苗木種植及兼職殯葬業，幫喪家搭設小靈堂，經辦一些誦經法事的工作。

偷抽菸

阿爸經常迫於無奈，低聲下氣向親戚借錢，幫我們繳交註冊費。雖然家裏經濟困窘，但是阿爸在鄉里間樂於助人，頗受大家尊重。

阿母曾提起，因為沒有奶粉可以餵小孩，我和弟弟餓得號啕大哭，阿爸便要她去雜貨店賒帳，帶回奶粉，讓我們得一餐溫飽。

因為窮，阿爸擔心被人看不起，對我們管教得特別嚴格。

有一次，村裏供奉福德正神的五福宮舉行大拜拜，家家戶戶宴請客人。當時天氣寒冷，一位鄰居跑去向阿爸告狀，說我們四個孩子在廟口吃雞蛋冰；阿爸隨即怒氣沖沖地跑到廟口來罵我們，又擔心讓家裏的客人看到，便拽著我們到田裏痛打一頓，還叫我們拿板凳罰跪。

阿爸會抽菸、會嚼檳榔。我跟著阿爸到田裏工作，有一次看到菸放在田埂上，忍不住對它產生好奇，乘著四下沒人注意時，偷偷抽出一支，學阿爸吞雲吐霧的模樣……

不知不覺，我在國小三年級就學會了抽菸，五、六年級開始有菸癮，時常乘阿爸不注意時，偷拿他的菸來抽；之後更膽大妄為，去買散菸來抽。

阿母每天上工前，會放三十元在桌上，讓我在上學路上買早餐吃。我拿了錢，從家旁的巷口走出去，還沒到早餐店，就拐進一家雜貨店。

「頭家！我要買三支長壽仔！」雜貨店有販售散裝長壽菸，三支十元。

我把菸藏在書包裏，下課後就和同學聚在廁所或學校後面的墳場偷抽，自以為很了不起！

阿爸、阿母忙著工作賺錢，沒時間管孩子，只要我們按時去上學，就以為我們很乖；所以，我偷抽菸一直沒被發現。

我的零用錢幾乎都拿去買散菸。散菸不夠抽，就乘阿爸不注意時，偷拿他的菸抽。自恃聰明的我，抽完菸後，會用肥皂粉把雙手搓洗乾淨，直到沒有菸味殘留。

自以為隱藏得很好，上了國中，家裏的人都沒發現我染上抽菸惡習。直到有天下課，我才剛踏進家門，就看到阿爸生氣地坐在藤椅上。

「書包拿來！」阿爸怒視著我，一把搶下我的書包翻找著。

書本裏夾了一支被壓得扁扁的菸，掉了出來。事情大條了！

「囝仔人，呷什麼菸！人攏告來我這裏了。打乎你死！」阿爸火冒三丈，隨手抄起竹子開始亂打一通，打得竹子都斷了。

「以後不敢了！以後不敢了！」我邊跳邊閃躲，嘴裏不停地求饒。

「跪下！」阿爸突然大聲吆喝。雖然竹子斷成兩截，他還是怒氣難消，從口袋掏出整包長壽菸，全部塞進我的嘴巴。

一包長壽菸有幾支呢？二十支。

國一的我，身高不高，體重不重，當然嘴巴也不大。二十支菸同時塞進嘴巴，就像廟會拜拜時，擺在最前面的那隻神豬，嘴巴被硬塞著一顆大橘子。塞到爆，就是這種感覺吧！

我張大著嘴，兩邊的臉頰痛到沒知覺。心想，再忍一下，阿爸打也打了，塞也塞了，應該快要氣消了吧！但事與願違，阿爸突然拿起打火機，把塞在我嘴裏的香菸全部點燃……

二十支菸同時點燃的煙霧，既刺鼻又難聞，又嗆又熏，辣得我眼淚直流，不由自主地想要把菸一支支吐出來。

「你敢吐出來看看！呷下去喔！乎你呷甲死！」阿爸嚴厲警告，再猛然拿起水桶罩住我的頭，瞬間所有煙霧瀰漫在水桶內，熏得我眼淚、鼻涕不停地流！

我淒厲的慘叫求饒聲，傳遍了整個後高，到了晚上，整個高厝一定都會知道我被教訓了。

「好了啦！囝仔人毋捌代誌啦！不要這樣打啦！」隔壁的伯母聽到聲音趕過來，恰好看到這一幕，好聲地勸說著。

「國中就偷呷菸，撿角啦！」阿爸對伯母相當尊敬，每次伯母如救星般出現時，阿爸才能稍微平靜一下心情，放慢節奏，不再痛打我！

這次慘痛的教訓，並沒有讓我戒菸，反而暗自下定決心，以後要更小心，千萬別再被阿爸抓到我抽菸的證據。

學電子琴

「打扮著妖嬌模樣，陪人客搖來搖去……」隔壁庄的碧天宮忠義堂玄天上帝，從松柏嶺受天宮謁祖進香回來，數十個陣頭當中穿插著電子琴的伴奏，花車車尾小平臺上的小姐，穿著清涼，隨著電子琴的節奏搖擺，用著已經沙啞的聲音唱歌，只為吸引路人目光。

「青山啊！你看，在車上彈電子琴那兩個少年仔，是隔壁庄阿土ㄟ囝，甲恁後生肇良、阿信一樣，嘛是雙生仔。」

「恁知影嘸？他們學電子琴後，出來賺錢，一個人一天將近五千元工資，如果兩個人一起出來做，就有一萬元，領現金ㄟ，免扣稅金……」

家裏經濟狀況不好，阿爸沒什麼可拿出來和人比較。但他固執又好面子，老聽到別人對他這麼說，不禁湧現「望子成龍、望女成鳳」

的想法，「為什麼阮囝嘛是雙生仔，卻無法像別人那樣有才情。」

阿爸年輕時很有音樂天分，常在誦經團幫忙，一些曲目都能無師自通，也會彈揚琴和古箏，甚至用木頭刻磨出一把吉他，再買零件回來組裝，做出了一把真的吉他。

當他聽別人說隔壁庄阿土ㄟ囝這麼有才情，便暗自打算，「如果我將肇良和阿信送去學電子琴，搞不好他們也可以像人家一樣賺大錢，相信阮囝絕對不會輸給他們⋯⋯」

「喂！你們兩個過來，甲我聽清楚，從現在開始，每個星期六下午放學後，跟我去員林山葉音樂教室學電子琴。」阿爸沒有問我們的意願，就繳交了報名費，硬是趕鴨子上架。

國中二年級，正是愛玩又叛逆的年紀，原本可以玩樂的星期六下午，卻被阿爸逼著坐在沈悶的音樂教室裏，隨著老師一遍又一遍地練習，「河水靜靜向東流；Mi Do Mi Do Mi Do Re⋯⋯」真是枯燥又乏味！

琴譜上的音符，像極了摸不著頭緒的星際符號，漫天飛舞了起來，不想抓，也抓不住。我呆坐在椅子上，心不甘情不願的，用一隻手敲著琴鍵，眼睛不時瞄向牆上的時鐘，只求快轉眼前這一切。

「肇良、忠信，來去上課了！肇良，忠信……這兩個猴死囝仔又跑到叨位去啊？」

我和弟弟學了五堂課後，每到星期六下午就一起鬧失蹤。這天，我們躲在離家不遠處，聽著阿爸的叫喚，遲遲沒有出聲。

「他們沒有興趣，你為什麼要逼他們啦！」阿母對著阿爸說。

「學費都已經繳了，還向人家借了一部電子琴，也載到家裏來了，學電子琴有什麼不好？」阿爸氣急敗壞地回答。

幾次下來，阿爸找不到人，無奈地放棄了。

「學費那麼貴又不能退，兩個囝仔都不去，看是要怎麼辦？」阿爸坐在客廳的電子琴前，嘴裏斜叼著一根菸，偶爾用左手夾住咬在嘴裏的菸，邊彈奏邊吟唱，隨著嘴裏吐出的煙霧，幾個音符明確地出現了，「Mi Do Mi Do Mi Do Re」，再沒多久，阿爸左手加入和弦，右腳輕鬆踩著踏板，彈奏出更為鮮明的節奏——碰恰恰、碰恰恰！

原來，阿爸看我們老是搞失蹤，只好自己硬著頭皮去音樂教室上課囉！

誘惑

從國二開始，我的心思不是用在課本上，而是在衣著打扮上；不是訂做的衣服我是不穿的，制服的上衣一定要燙出三條線，領子還要能直挺挺的。至於學生褲呢？一定要褲襬超大的那種喇叭褲，每天都穿得趴哩趴哩，加上與生俱來的高瘦體格，真是標準的「緣投囝仔」。

每天放學後，我就耗在校門口的冰果室吃冰、抽菸，跟校外的不良少年鬼混。他們每次亮出來的傢伙，都很吸引我。從此，我的書包裏不再只有香菸，還藏放著刀械。

從開山刀、番仔刀，到自己動手製作武士刀，而後研究改良的加長型勾刀，每一種都比念書有趣，也愈做愈順手。每樣傢伙做好後，我就藏在學校後方的圍牆外，以便隨手可用。

記得有一次放學後，遇上了從彰化市區成群結伴而來的仇家，在校外堵我們，一副就是要讓我們好看的模樣；我們也不是省油的燈，人人一副天不怕、地不怕的樣子，摩拳擦掌要跟他們拚了！

我雖然長得斯文，打架時可毫不手軟，拿起刀子就帶著死黨們往前衝。向來打最前鋒的我，右手高舉起傢伙，殺氣騰騰地大喊：「衝啊！跟他們拚了！」一路領先地衝鋒陷陣。

愈跑愈近，才發現對方的人數，怎麼從十個變成二十個；再近一些，變成三十個了！靠近一看，「夭壽哦，事情大條啊！怎麼這麼多人！」趕緊調頭，才發現死黨們早就跑光光。

因為對方也拿傢伙，大家不敢正面衝突，我眼見苗頭不對，把傢伙一丟，趕緊拚命往回跑，心想只要跑進校園，他們就不敢再追了，萬一被追到，可真的死定了！

我不斷咒罵著死黨們真是有夠沒義氣，「竟然丟下我一個人！」幸好跑回學校後，仇家沒有繼續追進來，一直等到他們散去，我才敢回家。

「下次不要被我遇到……」我心裏咒罵著。

而成天鬼混的結果，我不知不覺染上了毒品！

同學家裏經營賭場，父親是地方民意代表。有一次，他將安非他命帶進了校園。

「下課後到廁所！有好東西哦！」經常一起抽菸的阿男，不斷地擠眉弄眼，語帶神祕地說。

下課後，一群死黨簇擁著阿男來到廁所，不斷地催著：「什麼好東西，快拿出來！」

「別急，別急……」阿男拿出一包白色粉末狀的東西、一張鋁箔紙，將白粉倒在鋁箔紙上，用打火機在底下烤，白色粉末在高溫下產生白色煙霧，阿明把鼻子湊了過去，吸了一口。

我們幾個看傻了眼，「那是什麼東西啊？」

「吸看看……」阿男笑瞇瞇地朝我遞了過來。

我迫不及待接了過來，學他用力地吸了一大口白煙。

「哇！那是什麼？！」一股熱氣直衝腦門，輕飄飄的，好像要飛起來似的！我想再次確認那是什麼感覺，又大力地吸了一口！

「哇！」幾個死黨，你一口、我一口，輪流不斷地吸著白煙；殊不知，我們正一步步地走進魔鬼所設的陷阱中，再也無法掙脫。

這是我第一次吸毒。後來才知道，那白色的粉末是「甲基安非他命」，也就是「安仔」；從此，黃色長壽菸已無法使我滿足，我轉而投向「安仔」的懷抱。

爾後，老師在臺上講得口沫橫飛，我們就把課本立起來，在遮掩下肆無忌憚地吸起安仔，吸得讓自己飄飄欲仙。

不知輕重

國中時期，加入廟會陣頭，是同儕間最神氣、最拉風的事。輸人不輸陣，我當然也要加入，不管是跳「武乩」，還是跳「五爺將軍」，架式十足，氣勢蓋人！

陣頭練習，都是利用晚上。這時間，我應該要寫功課、念書，卻心心念念只想練陣頭。阿爸和阿母當然不可能讓我晚上還在外面鬼混，於是我編了個藉口，欺騙他們說需要安靜的空間專心念書，閣樓就順理成章成為我念書的私人空間。

原本住的竹管厝，隨著我們一個個長大，顯得有點局促。隔壁的大伯搬出去後，便把房子給我們住。那是間水泥磚造的小平房，挑高處用木板隔出一個小小閣樓，勉強能容一人站立的高度，空間陰暗狹小，只有些許光線從小小的窗戶透進來。

小窗戶是傳統的砌法，直接在水泥牆上預留了洞，乘水泥未乾，直接插上十幾支四、五吋的鐵條所架設而成的鐵窗。

從窗戶望出去，是一座水泥造的水塔，連接著廚房的屋頂。屋頂下開了個小窗；那窗離地面不遠，輕輕一跳，便可到達地面。

一日，我吸食安非他命後，睡不著覺，想要偷跑出去參加陣頭。半夜十二點，我拿出在水電行買的小鋼鋸，慢慢鋸開窗戶上的鐵條。因為怕被發現，不能太大聲，只能小心翼翼、緩慢地來回鋸了又鋸，鋸得我滿頭大汗。

第一晚，鋸斷了一支，鑽不出去；第二晚，鋸斷了兩支，夠鑽出去了。為了不被家人發現，我還將鐵條一支支擺回原來的位置，一點也看不出破壞的痕跡。

我輕手輕腳地踩著廚房的屋頂，從水塔旁邊的矮牆跳下，順利到達地面，然後牽著阿母停在門前的機車，邊騎邊用雙腳滑動，直到離家五十公尺遠的巷口，判斷家人不會聽到引擎聲，才發動機車，也不管自己沒有駕照，頭也不回地直奔廟口。

陣頭的朋友，早在那裏等我會合了！陣頭的世界，是愈晚愈美麗！就像電影情節一樣，愈晚愈聚愈多人，聚攏後就集體行動，有福同享、有難同當，自以為這樣就是義氣！

當有人把檳榔遞到面前，若不敢吃，會被看不起，若是不吃，會被排擠。為了在群體中突顯自己，我又學會了嚼檳榔。

肆無忌憚地廝混到午夜，我才又從窗戶偷溜回房間。本該睡覺了，我卻繼續吸毒，毫無克制。愈吸精神愈好，我可以連續好幾天不睡覺，且漸漸變得暴躁易怒。

有一天，同學驚慌地大喊：「你弟弟被人打了！」

我一聽火大，「誰敢打我弟，等著瞧！」便立刻衝到教室後方的清潔用具擺放區，將木製畚斗的木柄硬拔出來，藏在書包裏準備要讓對方「好看」。

傍晚降旗時，弟弟的班級就排在我們班隔壁，我雙眼緊盯著「兇手」不放，像雷達一樣地從他的身高、體重、戰鬥指數一一掃描，虎視眈眈地等待機會，準備隨時痛下毒手，給他點顏色瞧瞧！

降旗典禮結束後，各班自行回教室，他們班的隊伍逐漸散開，「碰！」我追了過去，舉起木柄用力地往他頭上死命猛敲下去。我一心想教訓他，只打這一下，哪能消心頭之氣，於是開始在他全身上下狂打。

他沒命似地奔逃，我也沒命似地追，班上其他同學看到我在追打他，也發揮放牛班互助合作的精神，一起加入戰局。只見二、三十個人追著一個人打，從操場追到教室，個個眼露兇光，殘暴的氣勢，嚇得他魂飛膽破，聲聲求饒。

我打紅了眼，下手哪知輕重，直到對方頭破血流，還不肯罷休。「老師來了！老師來了！」有人大喊，大家才心不甘情不願地一哄而散。

當然，我免不了被記過，而阿爸不但得向人家道歉，還得賠償醫藥費。

事後，對方居然還想找人修理我。只是他的運氣很不好，找來的打手是我練陣頭的「麻吉」。他不但沒報復成功，還因為消息走露而陷入慘境；我與麻吉連續好多天追著他打，打到他不敢來上學為止。

不遵守校規、成群結黨、打架鬧事，對我來說是家常便飯。但是沒人敢勸導我，因為下場就是，我拿起椅子憤怒地往他身上砸，連老師也對我敬而遠之。

我不但是老師眼裏的頭痛人物，更讓阿爸、阿母傷透腦筋。每次我打了人，阿爸、阿母就得向對方家長鞠躬道歉、賠償醫藥費；回到家，他們便把我痛打一頓。我不敢吭聲，但到學校後，就把這股怨氣出在同學身上，只要看不順眼的，或說了我不喜歡聽的話，就要與人嗆「輸贏」！

退學

我不愛讀書，上學又只會打架鬧事，對於將來升不升學毫不在意；聽到同學要考夜校，我想考得上就讀，考不上就算了！

晚上吸食安非他命後睡不著覺，我騙阿母要看書，準備考夜校，阿母信以為真，以為我整晚不睡，是為了奮發圖強用功讀書，深感安慰，孰不知那是使用安非他命的結果。

聯考時我亂猜一通，沒想到一放榜，竟考上了公立永靖高工夜校。我難以置信，並暗自竊喜，「想不到沒讀書也能考上！」

開學一個多月，有天升旗完畢，耳邊傳來廣播的聲音，「一年二班高肇良，馬上到教官室報到！」

我經常打架、曠課，到教官室報到已是家常便飯，所以不以為意，心裏想著，「大不了就是被體罰而已！」

我毫不在乎地來到教官室，教官嚴肅地對我說：「高肇良！你被退學了！你很聰明，不讀書可惜！但是，我還是要讓你退學！」

「什麼？沒有處罰、沒有記過……」我有點錯愕。

「退學？我不能再來學校了嗎？雖然我不愛念書，但是好朋友都在這裏啊！」

「我會不會被同學笑？要怎麼跟阿爸講？」

「阿爸那麼愛面子……如果他知道我被退學，一定會打斷我的腿！」

霎那間，腦海裏閃過很多、很多的念頭……

同學們消息非常靈通，馬上知道發生了什麼事。我回教室收拾書包時，他們全圍到我旁邊。

面對同學們驚訝、竊笑的表情，我故做堅強，一副無所謂的樣子，驕傲地對他們比出中指，甚至咧開嘴、誇張地朝他們笑了笑，再把頭抬得高高，踏出了校門。

我轉頭對送到校門口的同學扮鬼臉，一副不稀罕上學、無聊透頂了的神情！

退學，是我的人生中，第一個遭遇的挫敗。

我打架從來沒有輸過，可是一道命令下來，我只能接受，完全沒有辯白的機會；我被驅離了校園，把奮力打拚下來的「江山」，完全拱手讓人。

我連念書的資格都沒有了，首次意識到強大的恥辱感，更多的是，對學校、對教官、對所有人的不滿！我恨所有的一切！

學美髮

阿爸、阿母知道我被退學，怒不可遏，覺得把他們的臉都丟光了。尤其是阿爸，簡直像吃了炸藥，狠狠地痛打了我一頓！

打過、罵過後，阿爸想，既然我不是讀書的料，就去學個什麼技術好了。於是，他打電話拜託遠在高雄的二伯，安排我到二伯母開的美髮院學習。

到了高雄，我從洗頭開始學起，每天要洗很多客人的頭。上班時間很長，直到晚上九點才能休息，但下班後完全沒人管，非常自由。

美髮院裏的學徒，男男女女都才十幾歲，年齡相仿，很容易打成一片；下班後，大夥兒齊聚頂樓談心、談夢想，同時罵罵老闆娘或哪個麻煩的客人。

「今天來洗頭的歐巴桑，一直說我按摩力道太小；我都出全力了，她還嫌，真是氣死我了！」。

「老闆娘一直嫌我上捲子的速度太慢，她自己也上得不怎樣啊！真是嘔啊！」

大夥兒聚在一起，啤酒成打地喝，菸不停地抽；那時的我，覺得日子這樣過，真是太快樂了！

我把安非他命也帶來了，兩個跟我較合得來的女學徒，在我的影響下，也開始吸食安非他命。有同伴一起吸，還光明正大地邊吸邊聊天，次數也就愈來愈密集，用量也愈來愈大。

直到有一天，我開始出現幻聽，常常聽到耳邊有人跟我說話，以為是什麼鬼怪阿飄在干擾，非常害怕，打電話回家向阿爸求助，「阿爸……怎麼辦！我耳邊好像都聽到有人在叫我的名字！」

阿爸束手無策，只能求助二伯。二伯旁敲側擊後，懷疑我們躲在頂樓吸食毒品，但他查無實證，我們當然也不承認。

二伯氣急敗壞地打電話對阿爸數落一番，「緊來把阿良帶回去，他帶壞我們店裏的小姐，一起吸毒、喝酒，枉費我一番苦心收他當學徒，實在可惡！」

二伯非常生氣，要阿爸馬上來帶我回家。但是阿爸沒有出現，是大哥來高雄把我帶回去。

阿爸拋下尊嚴、低下頭來，千拜託萬拜託，才讓二伯願意收留我在髮廊學習，我卻再次傷害了阿爸，讓他顏面盡失！

回到家後，免不了又被阿爸毒打一頓。但我死不承認吸毒，不斷喊冤，只承認有和美髮店的學徒們半夜一起在頂樓喝酒，「吸毒是二伯自己亂猜的，我才沒有！」

阿爸相信了！他認為我雖然壞，但還不至於壞到吸毒那種程度！

做沙發

我被二伯趕回彰化後，整天無所事事，到處閒晃。對家人而言，是一種無形的壓力。他們擔心我再與過去練陣頭的朋友接觸，成群結黨打架鬧事。

弟弟到高雄學做沙發已有半年，阿爸為了讓我們彼此相互照應，並隨時注意我的生活狀況，拜託在高雄從事家具業的堂哥，把我也安排到那間沙發工廠，一起當學徒。

原本，弟弟常因一點小過錯，就受到師傅們的大聲斥責；我到工廠後，師傅們一改往日態度，對我和弟弟都很好。我猜，大概是因為我「打架鬧事」的聲名遠播吧！

我學習任何事物都非常快，加上嘴甜、眼色利、手腳快，工廠裏的師傅，對我是讚譽有加。

一開始，我還算安分守己。白天，正常地上班；下班後，乖乖留在工廠看電視。過了一陣子，我才開始瞞著弟弟，到附近釣蝦場「探門路」。

連續好幾天，我在釣蝦場仔細觀察每一個人，氣色很不好、瘦瘦的、瞳孔放大……只要找到符合這三項條件，就是我要找的人，且八九不離十能找到「貨」。

我試探性地問：「我不是『賊頭』，因為從外地來工作，不知哪裏有貨？」

「這樣好了，錢我來付，我們一起用。」雖然有找到疑似分子，但大家戒心很強，沒有人願意理我。我滿腦子想的都是安非他命，怎麼可能死心呢？

我向一個叫阿山的拍胸脯掛保證，我不是警察，只是沒門路，無法找到貨……再三解釋，他總算願意幫忙；我二話不說，趕緊拿出五千元給他。

過了許久，阿山終於回來了，買回來的量卻明顯不值五千元，我也只能悶不吭聲，認了！

好不容易買到貨，哪個地方是安全、可以毫無顧忌地吸食？最後，我決定接受阿山的提議，去他家。

「咚！咚！……」敲木魚的聲音，隨著我往樓上走，漸漸變大。上到二樓時，眼前景象令我心頭一震。昏暗的佛堂，僅有兩盞供燈的光線，一位滿頭白髮的老太太，跪在供桌前，閉目專心念佛。

老太太是阿山的媽媽，她用盡心思勸導阿山戒毒，卻一直無法如願，轉而求助宗教的力量，終日拜佛，祈求孩子能早日回頭。

「來！進來！」阿山拉著我的袖子進入他的房間，不用多說，當然是一起吸食安非他命。

老太太看到我們一起進房間，縱然心知肚明，卻也無能為力。她能為兒子做的，只有更虔誠地念佛了。

隔著一道木板牆，我和阿山在誦經及規律的木魚聲中，開始吸毒，雖然覺得忐忑不安，但隨著藥效發作，心神愈飄愈遠、愈飄愈遠，最後，什麼聲音都聽不到了。

之後，我再也不去阿山家了！

在高雄學做沙發期間，我每個星期搭車回彰化，到朋友那裏備貨，大部分薪水都花在上面，少部分薪水拿回家，這樣度過一段時間，我學會了沙發的製作與維修。

製作沙發，需要運用大量的易燃性泡棉。一次，一場焊接作業產生火花，火勢一發不可收拾，瞬間迅速蔓延，吞噬了整間工廠。

我和弟弟見狀，嚇呆了！不知如何是好？站在原地傻傻地看著火勢愈來愈猛。而後，我不知哪來的勇氣，跳上二樓夾層，心想，只要將閣樓上的火滅了，工廠就有救了。

我用力一拉，原本綁好的整綑泡棉全部散了開來，反而助長火源，一時濃煙密布，伸手不見五指。所有員工見大勢已去，紛紛用手摀著嘴巴、鼻子，趕緊往外逃命。弟弟卻反方向地往內衝，才一溜煙就不見了。

我正著急時，看到弟弟開著老闆的貨車，從煙霧彌漫中快速衝出來，讓一群人捏了一把冷汗。

我們全數退到馬路上的分隔島，二十幾個人站成一排，眼睜睜看著一千多坪的廠房，付之一炬，只剩下弟弟搶救回來的那輛貨車。

工廠因此倒閉，老闆欲哭無淚，員工們只好另覓他職。

我和弟弟雖然從事沙發工作不久，但積極認真的態度，獲得不少同行的讚賞。從這間工廠學成出去，到屏東內埔另開一家沙發工廠的師傅，問我們：「要不要來屏東，一樣論件計酬？」

我和弟弟每天騎著機車，往返高雄與屏東兩地，兩人一組合作做沙發。

一次下班後，兩人騎著「追風135」，一路飛快地往高雄奔去，行經高屏大橋時，與人飆車發生擦撞，弟弟的手、腳骨折，我也受傷，需要一段時間休養，沒辦法工作，兩人只好向老闆辭了工作，一起回彰化永靖。

月入十幾萬

弟弟的傷好得差不多，便在員林找到製作沙發的工作，我也跟著去應徵。

一天晚上，我與高厝的玩伴阿棟及阿昌，一起去藥頭住處購買安非他命，交易成功後，開心地騎著機車在永靖街上狂奔，突然被埋伏許久的警察攔截臨檢。

「身分證通通給我拿出來！」警察大聲地喝斥：「這包毒品是誰的？」

「大人呀！拜託……放我們一馬！」我們苦苦哀求著。

最後，還是被帶回警察局製作筆錄，並函送地檢署偵辦。我因尿液被驗出甲基安非他命呈陽性反應，而被判處有期徒刑四個月，可易科罰金。這件事，宛如在高厝投了一顆原子彈般，轟動了全村！

消息很快地傳開，「真害喔！咱高厝居然出好幾個歹子！」

第一次因吸毒被逮捕的事實，讓阿爸、阿母傷透了心。對他們來說，簡直是青天霹靂，從小到大，打也打了，罵也罵了，怎麼還是教不好？

阿母每天以淚洗面，阿爸則是藉酒消愁，他們不敢置信，心目中那個聰明的孩子，怎麼會染上吸毒的惡習？

住在高厝的人家，嚴格地警告自己的孩子，不准跟高肇良有任何來往！阿棟和阿昌的父母，更是怪罪我阿爸、阿母沒把孩子教好，帶壞了他們的小孩。

那段日子，我感到自卑，更不敢出門。但沒有想到的是，阿爸和阿母比我更抬不起頭！

我意識到不能再住彰化，便獨自上臺北，借住阿棟位於板橋的工作處所。

兩人再度重逢，「好康」當然也一起享用。他的叔叔發現異狀後，雇請徵信社跟監，不放心他和我在一起。

為了賺錢繼續備貨，我來到製作沙發家具的大本營——五股應徵。面試的人看我一表人才，且無論是製作沙發新品或維修，都難不倒我，便錄取了我。

這是一間使用真皮的高級手工沙發工廠，與我過去接觸大多使用合成皮的工廠，完全不同。因為成本考量，不論是打版、剪皮都須小心翼翼，也因為是特別訂製，從沙發框架的製作、上色等，都需要重新學習。

老闆對我非常好，耐心地教導我所有的細節和技巧，讓我打從心裏尊稱他一聲「大哥」。而我愈遇到困難，愈想去突破。當大家都下班了，住在宿舍的我，常獨自留在廠房繼續工作，從不喊苦。

積極學習的態度，使我成為廠區內製作沙發速度最快的師傅，得到老闆的賞識，提升為組長。

這份工作採論件計酬，每做一組沙發有兩千元可拿。我曾經一天領八千元工資，月入十萬對我來說，並不困難。

每個月十萬出頭的薪水，我都騙阿母只領三、四萬，並假裝很大方地給阿母兩萬元，其餘的錢全用來買毒品。每逢星期六，坐野雞車回彰化，人還在車上，就接到朋友的電話，關心我的行程，「你這星期有回來嗎？」

對他們而言，我是他們的財神爺。他們沒有錢，又無法克制毒癮時，唯一的方法，就是借錢買毒。我到站下車，他們早就等在車站外，熱情迎接我。

日久，無論我多麼認真工作、努力賺錢，仍無法填補自己買毒品及朋友借錢買毒品的缺口，一個月入十幾萬的製作沙發高手，最後淪落到需要向老闆借錢；再不夠時，就向月入兩萬多元的學徒借錢來湊，入不敷出。

兵單

在臺北做沙發一段時間後，我接到了兵單。報到那天，我與同鄉好友一起進了新兵訓練中心——成功嶺。

因為具備做沙發的好功夫，營區有任何修繕工作時，我總是第一個舉手出公差，只求能混水摸魚，躲過烈日下的操練。

軍中生活看似相安無事，但是正義與不服輸的因子，仍在我的血液裏流竄。

一次午餐時間，同袍們按部就班，排好隊伍準備打菜用餐；突然一個全身刺青的身影，「鏗鏘」一聲，讓人不禁好奇地往他那邊瞧。

「閃啦！」他大聲喝斥一位弟兄，並舉起手上的鐵餐盤，重重地往人家頭上敲下去。被打的弟兄眼淚奪眶而出，趕快讓出位置，退到一旁。

我怒視這個粗暴的身影，深深地吸了一口氣，心中有了盤算……

「你不要讓我找到機會，一定要讓你好看！」

隔天，我開始約人：「喂，同梯的！你們有沒有看到那個刺龍刺鳳的同學啊？」

「有啊！安怎？」他們問道。

「沒意思啦！欺負古意人。今晚準備把他抓來修理一下。」我嘗試說服他們。

「好喔！好喔！」幾個血氣方剛的年輕人，開始計畫起來。

就寢時間，部隊裏的士兵都要輪流站崗。夜裏一點多，我串通班長將衛哨簿改掉名字，走到打人的同學床邊，拉著他的腳說：「欸，你今晚要站衛兵耶！」

對方揉揉睡眼惺忪的雙眼，懷疑地問：「有嗎？」

我語氣堅定地說：「有啦！有啦！有你的名字，趕緊起來。」

「你看這衛哨簿上明明就有你的名字呀！」

「奇怪，我記得嘸啊！」坐在床沿的他，依然遲疑著。

「來啦！卡緊吔！時間還沒到，咱來去便所呷一支菸。」我催促著他。

來到廁所，幾個同學早已埋伏在那裏。

「卡等哩！我要便所。」他一踏上小便池臺階，我們幾個便一擁而上，一陣亂打亂踢；他跌落水溝狀的小便池裏，滿臉尿液，狼狽不堪地不斷求饒。

營輔導長聽到打架聲，馬上衝了進來，大喊：「通通不要動！」於是，我們五個被押進了連長室，脫到一絲不掛，分別站在室內的四個角落和中央，戴上手銬，等憲兵來帶人。

「給我搞這把戲！辦你們軍法，我告訴你們！」天色還未亮，連長室的燈光徹夜通明，伴隨著營輔導長教訓連長帶兵失職的痛罵聲，連長轉而把我們罵得狗血淋頭。

五個人的家長，半夜三點全都趕到了。

阿爸一到，我就跟他說：「爸！這個人該打，欺侮古意人！」富有正義感的阿爸，似乎也認同地沒有責罵我。

對方家長帶著律師坐在長長的會議桌前，堅持要對我們提告。我們四個人的家長也不是省油的燈，請了許多人來關說，幾經討論後，大家決議賠錢息事寧人，才化解了這場衝突。

來到軍隊，我那愛打架、愛強出頭的個性，一樣不管天高地厚，打了再說，殊不知阿爸為此付出了多少心力，才保我平安免受責罰。

上上籤

兩個月的新兵訓練即將結束，離下部隊只剩幾天。下部隊前的抽籤，我懷抱著移防的地方能有山有水，一心祈求能抽個好籤。

沒想到，我竟然抽到了所謂的上上籤——臺灣戰地最前方的馬祖北竿北高指揮部。

離開成功嶺後，一群新兵從彰化烏日站搭火車北上基隆，整個部隊被帶到等待船隻接引的中繼站——基隆的韋昌嶺營區。我迫不及待地找空檔打電話回家報平安。

「喂！阿母，我阿良啦！我兵籤抽到馬祖，現在要坐船過去了，你自己要保重。」我刻意穩住自己浮躁的語氣。

電話那頭遲疑了一會兒，沒發出任何聲響。

我等待著阿母的回應，彷彿有一世紀那麼漫長；接著，話筒裏隱約傳來低沈的抽泣聲，「阮囝要去那麼遠的所在……那ㄟ安內啦！」

阿母可能想起電視新聞臺不斷播放臺海危機，以為就要引發戰爭，喃喃地念著：「我愛趕緊來去求神拜佛，土地公伯啊！帝爺公！請您們保庇阮ㄟ囝平安回來！」

「阿母，我會照顧好自己，你免煩惱啦！」我急忙掛掉電話，耳邊迴蕩著阿母傷心的嘆息和叮嚀。

搭上海軍 525 運輸艦，在船上坐定後，我閉起眼睛，讓臉迎著海風，聞嗅空氣裏鹹鹹的海水味，腦海裏浮現出阿母緊鎖的眉頭、眼角溼潤的淚水……

船在海面上規律地前進著，搖搖晃晃駛向臺灣海峽；在看不到盡頭的海面上，海浪不安分地翻騰著，士兵們時而頭暈目眩，時而胃部翻攪，汗水與嘔吐物的難聞氣味，彌漫在船艙裏，揮之不去。

二十幾個小時的航程過後，終於抵達馬祖南竿，再換上另一艘船，搖搖晃晃地朝北竿前進。

抵達北竿，陸續上岸後，我環顧四周，眼前的小島，真和自己祈求的「有山有水」願望相符合。

「注意！」長官一聲令下，要我們背著黃埔大背包和軍械，爬上四十度高的岩石陡坡。

我因長期吸毒削弱了體能，一開始感到不適，便假裝昏倒，鬼靈精怪地想躲過這一切。沒想到被士官長識破，喝斥我：「這才是你來到馬祖的第一天，未來還有好幾百天呢！」

遠方山上峭壁制高點處，大大的紅字寫著「反共抗俄」，好不容易爬上山去，突然轉身，又看見路口立了一個碑，上頭寫著「殺朱拔毛」，我開始擔心：「未來到底有幾百天啊？要在這個鬼地方！」

又是上上籤

在北竿，隨著軍旅生涯正式展開，我的體能明顯好轉；不久，接到阿母打來的電話，說弟弟也要來馬祖服役的消息。只聽見阿母在電話那頭，又是哭到不能自已，「我有去大廳甲咱ㄟ公嬤講，為什麼兩個囝都抽到馬祖啦！請祂們一定要保佑你們平安歸來！」

「阿母，您免煩惱啦！人家說打虎抓賊親兄弟，阮會互相照顧啦！」

輔導長問我：「高肇良，你希望弟弟跟你在同一個連上嗎？」

「報告輔導長，我希望可以照顧他，不要讓我阿母擔心，拜託你！」我苦苦央求輔導長。

一個半月後，弟弟來到了馬祖。他一下船，馬上被輔導長從新兵隊帶到我們連上。

弟弟背著一個黃埔大背包，與三位剛下部隊的菜鳥，站在我的旁邊；而我則在烈日的沙場上，依照士官長的指令，一一做著交互蹲跳、伏地挺身……身上每個毛孔都積滿汗水，不停地滴落。

士官長是故意操練我給弟弟看，「不行，我不能輸，我是哥哥。」時間一分一秒過去，「磨練」似乎沒有要停止的意思，我覺得彷彿在下一刻，體力就要消磨殆盡。

好勝的我，繼續咬牙苦撐！

「菜鳥也入列！」沒想到，士官長突然又下了一道命令，要弟弟跟我一起交互蹲跳。剎那間，一股蓄積在心中的怒氣，就要衝破腦門。

兄弟兩人一起執行指令，每個動作的變換，都讓我感受到沙粒扎人的刺痛。我想起對阿母的承諾，「您免煩惱啦！我會照顧伊。」眼角餘光掃向身旁的弟弟。

不停的動作，讓我感到呼吸愈來愈急促，臉頰漸漸漲紅，累積的怒氣瞬間爆發。我突然一個翻身，飛快地跑到士官長旁，用拳頭重重地朝他打了下去。

輔導長急忙過來大聲喝止：「你在做什麼，住手！」

一陣慌亂中，我被拉開了。

沈悶的輔導長室裏，一切的操練都靜止了，而我仍可以嗅聞到自己身上濃濃的煙硝味。

「高肇良，你和你弟真的要待在同一個連上嗎？」輔導長問我。

我自知闖下滔天大禍，不發一語，擔心弟弟會被波及。

輔導長繼續說：「我看你們兄弟在同一個地方不是辦法，得把你們兩個分開，讓你弟弟去幹部訓練班。」

我想了想，讓弟弟去幹訓班也好，回來能當班長，可以減少被操練的次數；也很意外沒有因這次事件被送軍法審判，應該是輔導長想用不同的方式感化我吧！

老兵與菜鳥

打士官長事件後，我被分配到北竿的〇八據點。這地方是老兵的天堂，新兵的地獄，所處位置遠離連隊，靠近海邊前線，專門固守及負責驅離魚船越界。

十幾人的小據點，殺傷力最強的武器是「四管五〇機槍」，雖是二次世界大戰的產物，但嚇唬人還是滿好用的。

大部分時間我們都在據點，三餐打飯才派菜鳥回連上。我與同梯的阿宏、阿俊，就是所謂的「菜鳥」，好康的沒有，只有被老兵欺負的分！

連上有個老兵，夜裏酒過三巡後，總愛藉著訓練體能的名義，把我們從被子裏挖起來，進行操練。

有一天，我再也按捺不住，與阿宏、阿俊商量：「他若是再來整我們一次，絕對要跟他拚個輸贏。」

他們相當贊同，大夥兒講好，要跟他拚了。

「起來、起來！」一天深夜，蚊帳外又出現相同的身影。我們心不甘、情不願地爬了起來，隨著這個身影來到了小客廳。

「交互蹲跳，準備！」老兵又要整人了。

「碰！」我一手將桌子掀翻，拿起長槍直接上膛，巨大聲響劃破夜裏的寧靜，火爆浪子的引線，再度被點燃。

阿宏與阿俊也馬上加入戰局，一時遲那時快，只見阿宏手長腳長地衝進軍火庫，拿了一枝步槍快速趕到，拉槍機、上膛、瞄準，不拖泥帶水地大喊：「通通不要動！」

我們明顯占了上風。

我向老兵說：「你不想要我們好過，我們也不會讓你好過！要嘛以後大家和平相處，一起好好過日子，不然將事情鬧大了，大家可都不好過！」

老兵被我們嚇唬住了，經過這一段，我這個菜鳥也從地獄上到了天堂。

日後，我們與老兵相敬如賓。遇見了學長或士官長，依然很有禮貌地說：「學長好！」「士官長好！」

兩個月後，弟弟從幹部訓練班結訓，回到了連上。

看著弟弟當上班長站在隊伍前方，身為哥哥的我，自知要成為連上的好榜樣，讓他好做人、好做事，也漸漸收起自己的壞脾氣，不再打架鬧事。這樣的改變，也意外地跟昔日針鋒相對的老兵，變成了好朋友。

勒戒

軍旅生涯中，我多次闖下大禍，都是大事化小，沒有被判軍法，好不容易撐到退伍，阿爸、阿母總算鬆了一口氣。

服役期間，我吸食毒品的惡習並沒有因此戒除。每次休假返家，還是繼續使用，每四、五個月放一次十天長假，一回到臺灣本島，馬上就去找藥頭，先紓解一下癮頭才回家。

退伍後，二十二歲的我，回到臺北五股做沙發，薪水雖沒有十幾萬，但也有五、六萬，甚至七、八萬。每次回彰化時，仍是一群朋友等在交流道。

那次，我從臺北抵達員林，國中同學阿城已經在交流道口等著我。

「走！載我去藥頭那裏拿東西。」一車上一行四人，立刻驅車到員林鎮的一棟大樓下，我下了車，隻身往樓上走去。

「叩！叩！大哥是我。」我拿到純度很高的海洛因，隨手點燃了一支含有海洛因的香菸，便搭電梯下樓，以最快的速度打開車門，跳上車。

想不到才剛上車，就從四面八方衝出了四、五名刑警，拿著九〇手槍對準車內，大聲地喊：「通通給我下車，不然要開槍了！」

我被這突如其來的狀況給嚇到，趕緊將握在手上的一包毒品，死命地往椅墊裏塞。但還是露出馬腳，被警方當場查獲，全被押上警車，帶回員林分局莒光派出所後，移送地檢署偵辦。

我很有義氣地跟朋友說：「你們放心，我會擔起來，說東西都是我的；但是，如果你們驗尿沒通過，我就沒辦法了！」

我有吸食安非他命的前科，最後不出所料，只有我被檢察官裁定送至彰化看守所勒戒。

坐上囚車

在彰化看守所進行兩個月的勒戒，觀察心理師判定我沒有真正戒毒，必須入監，強行戒治。

一早天還未亮，我們就被叫醒，準備移監。坐上囚車，我一路盡力將臉湊近鐵欄杆隔成的小窗，深深吸吐著每一口吹拂而過的空氣，藉此把身上每個細胞帶離囚車，飛上行道樹上的枝椏，與麻雀輕快地跳躍。

經過員林街道，看著人們忙碌穿梭在車水馬龍間，偶有幾輛彷彿被我們這輛黑色龐然大物嚇到的車子，會刻意偏離車道或變換車速，與我們的車身保持一定距離。

我猜想著這些人的去處——這個媽媽要送孩子去上學了，那個機車騎士趕著去上班，而全家人坐在一輛車裏的，應該是將展開愉快的旅程吧……而我，如果不在這輛囚車上，這個時間會去哪裏呢？

我將視線移回囚車內，幾個同學和我一樣，面無表情地凝視著窗外，身上的手銬、腳鐐，隨著車子行進而擺動，不斷發出細碎刺耳的聲響。

在路口等待綠燈時，鄰近車道停了一輛小轎車，後座的孩子張著咕溜的大眼睛，直盯著囚車看。他用小小的手，指著這輛顯得突兀的車子，轉身對媽媽說了些什麼？

媽媽順著孩子指的方向，抬頭一看，隨即警覺地拉下孩子的手，將他摟在懷裏，刻意移開目光。

我坐在囚車裏，看著車外再熟悉不過的世界，卻已無法下車。

進入番薯庄

囚車行駛上溪湖交流道後，緩緩向南行去，下虎尾交流道時，再轉一個彎，約莫三十分鐘後，一棟日治時代的建築物出現在眼前，斑駁的高牆，顯見它年代久遠。

那是專關煙毒犯的雲林第一監獄，因管理鬆散，曾被囚犯視為天堂，並戲稱是「番薯庄」；一九八六年開始，經不斷整頓，所謂的天堂已成歷史名詞了。

囚車緩緩駛進，大門隨即緊緊關上，將我們隔離在另一個世界。陸續下車後，主管馬上威嚇喊著：「眼睛全部閉上、不准東張西望、蹲下。」

一個同學抬起頭來往上盯，主管見狀衝到他面前，伸手狠狠地往他的頭打下去。

大家見狀，馬上低下頭不敢吭聲，暗自祈禱：「趕快辦理好新收手續進牢房，免得受到無妄之災。」

好不容易完成點名及資料的清點，被分發到每間不到兩坪的舍房裏。環視四周，狹小的空間除了一道矮牆，毫無遮蔽物，一旁的「水房（如廁與盥洗處）」只能容納一個人；破舊的地板，偶爾會竄出蟑螂和蜈蚣……

觀察之際，雜役大喊：「開……始……靜……坐！」

我們五、六個人手忙腳亂地依著指令進行動作，把腰桿挺直、眼睛緊緊地閉上，不敢稍慢；因為早有耳聞，在這個俗稱「番薯庄」的監獄裏，管理囚犯的方式，可是出了名的「硬」。

新收房

在新收房裏，一天要進行九堂靜坐課程。

吃完早餐後開始，每堂課約五十到六十分鐘不等。下課休息不超過十分鐘，緊接著下一堂，一直到晚上九點就寢時間為止。一整天下來，除了打飯、用餐與洗澡時間，毫無其他喘息的機會。

課程進行時，主管會在門外來回踱步巡視。

一回，他看到一個同學未落實動作，馬上大喊：「你給我出來，從走廊這邊跳到盡頭再跳回來。」一旁的雜役也大聲地附和，甚至大爆粗口，警示違規的同學。

在新收房期間，我們最害怕被主管點到名，因為一出牢房，一定會被操得很慘。

這天，我們又開始靜坐課程，一位同學突然瞧見一個紅色光點在他胸前來回移動。他好奇地用手撥開，卻馬上被主管點名，導致他更焦急地伸出雙手，胡亂地想把那紅點撥開，使得主管更大聲地斥喝：「你給我站起來，為什麼把眼睛睜開？」

原來，主管故意使用紅外線遙控筆，檢視犯人有沒有偷偷地把眼睛睜開。不用多說，這位同學馬上被帶到外面操到四肢發軟，最後由兩個站在門邊的同學，熟練地把他架起來，送回舍房。

一次，我因為靜坐說話，被主管抓到。「1417，你給我出來！」主管喝斥我交互蹲跳、青蛙跳，來回穿越幾十公尺長的走廊，直到筋疲力盡時，主管才說：「進去舍房，下次如果再犯，操你到半死，以為這是你家嗎？」

我努力地想站起來，無奈兩腿發軟，無法使力，不斷起身後，又立即癱軟在地。狼狽地爬回到門邊，兩個同學看見了，急忙將我攙扶起來，進到了舍房。

釣「魚」

監獄的舍房裏，通常有兩個「幫」：一個是「水龍幫」，因為洗澡水壓太低，同學會把整個水龍頭拔掉，讓水噴得比較快；另一個就是「釣魚幫」。

在新收房期間，抽菸是被禁止的。除了雜役偶爾大發慈悲丟進來一、兩根菸，我們幾乎沒有抽菸的機會，鬼靈精怪的囚犯們菸癮一犯，就會想出許多奇奇怪怪的方法，來解菸癮。

新收房的樓下，剛好是舍房與工場，有「來源」。

當菸癮一犯，我們會派一個同學到門邊負責「叫水」。他必須眼觀四方、耳聽八方，見到獄方人員出現時，馬上用暗號通知我們，剩下的同學則在房裏分工合作，準備「釣魚」。

我們從棉被抽出一條棉線，到水房接上一盆水後，往後面的窗戶直直潑下。

這盆水就像門鈴一樣，暗示樓下舍房的同學們做好準備；接著，我們將線慢慢垂降到二樓或一樓，小聲喊著：「兄弟，拜託一下。」

通常犯人與犯人之間都有這樣的默契與同情心，當他們看到了線，會綁上幾根菸，再拉個兩下，暗示我們可以收線了，一來一回的動作，就是監獄裏俗稱的「釣魚」。

這天，我們又興高采烈地準備釣魚。當把線垂降到樓下時，不到一會兒功夫，就收到回應。線的那頭拉了兩下，我們開心地準備收線，卻怎麼拉也拉不上來。

正感到匪夷所思時，卻聽見戒護科長大喊：「樓上那間舍房的同學，等一下全部給我出來。」

這一回，我們釣到的不是「魚」，而是「大白鯊」了。

戒護科長隨即跑上樓來，準備抓人。這次，一位同學獨自扛了起來，被辦違規帶了出去。

在監獄裏，若被辦違規，除了進行處罰外，還會扣分，然後帶到違規房隔離，隔離後再去新收房，再重分發到工場，重新一個循環。
這位同學被帶出去後，重分發到哪個工場，就不得而知了。

狗仗人勢

收封和開封時間，戒護科長都會站在不遠處，習慣性地將雙手交叉擺放在胸前，斜仰著頭、瞪著斗大的眼睛，一副不懷好意地直盯著我們的一舉一動。只要有人開口說話，或是動作稍有不慎，都有可能被他辦理違規，或請主管處罰。

常常坐在戒護科長腳邊的，是他飼養的巴哥犬，我們私底下都叫牠Tosa。短小的四肢、矮胖的身體，臉上有一雙似乒乓球凸出的大眼睛，朝天鼻下癟著一張嘴，一團皺巴巴的毛皮，巧妙地把五官全擠湊成一團。

這隻在別人眼中看似可愛的巴哥犬，卻是雲林監獄囚犯們的眼中釘；同學們每回一看到牠、提到牠，總是摩拳擦掌、義憤填膺，恨得牙癢癢的。

因為戒護科長的關係，這隻巴哥犬在監獄裏過得比我們還自由，甚至囂張。每個囚犯看到牠，還得向牠敬禮；與牠擦身而過時，牠總是用朝天的鼻孔，對我們哼出氣來。雖然這是巴哥犬慣有的動作，卻像在對我們嗤之以鼻。

這天，我們慣例在走道中央的直線上行進著。可惡的 Tosa 一如往常地停在我們行進的動線上，任憑一群人故意將整齊的步伐踏得震耳欲聾，牠依然呆坐在線上不動如山，真是標準的「狗仗人勢」。

眼看著我們的腳步逐漸接近，就要撞上了，前方同學只好無奈大喊著：「敬禮！」一行人隨之舉起右手置於眉旁。在監獄裏，囚犯們竟荒唐到不如一隻狗。

「向左轉」、「向右轉」、「向右轉」、「向左轉」，為了避開 Tosa 又不能偏離獄方規定的行進動線，我們只能以ㄇ字型的方式迂迴繞過這隻狗，再繼續往前走。

監獄裏多的是在黑道叱吒風雲的大哥，脾氣一個比一個還要火爆，看到這種狗仗人勢的情景一再發生，早就滿腔怒火。

快刑滿出獄的人，若被辦違規，即使釘上腳鐐，刑期一滿，照樣可以走人。一個同學快要出獄了，他決定出這口怨氣。等到下一回行進時，他突然伸出腳，狠狠地踹了 Tosa 一腳。

Tosa 發出淒厲的慘叫聲，夾著尾巴落荒而逃。

「誰敢踹我的狗，給我出列。」戒護科長怒氣沖沖地跑了過來，馬上把這個同學帶到違規房關禁閉。

還好，過了兩天，這位同學刑期已滿，快樂地出獄了。

索取《聖經》

監獄裏除了各式各樣的課程，也有佛教、道教、天主教、基督教、一貫道等信仰，以及許許多多的善心團體進來辦活動，以期教化收容人的心靈。

在我還沒有宗教信仰以前，最期待的就是參加天主教和基督教的活動。

唱聖歌時，我坐在臺下，大聲地跟著唱：「奇異恩典，何等甘甜，我罪已得赦免……」

臺上的牧師，將目光投向臺下的我們，像在搜尋任何可能的目標。當他和我四目交接時，眼神頓時閃閃發亮，直盯著我頻頻點頭、微笑。

活動結束，我走到臺前，禮貌地詢問：「牧師，請問可以給我幾本《聖經》嗎？」

「當然可以啊！我看見你唱得非常認真！」牧師一邊說，一邊遞給我一本《聖經》。

我雙手接著、露出笑容，再問：「您可以再多給我幾本嗎？我想拿給同舍房的同學看，他們對《聖經》都很感興趣。」

只見牧師笑到嘴都合不攏了，說：「好啊！好啊！要幾本？我們主耶穌的《聖經》是非常好的。你把這些《聖經》全都拿回去，和同學好好地一起讀、一起研究。」

「謝謝牧師！」接過《聖經》，我轉身，露出詭異的笑，快步地離開現場。

回舍房後，我將《聖經》放在大家面前，「快快快，我拿到《聖經》了。」同學們開心地一擁而上。

《聖經》對收容人來說，有著另外的用途。

在監獄裏，抽菸的數量是被限制的。《聖經》內頁紙的材質，燃燒時不會起黑煙，裁切成長方型小紙片，把一根菸分成四、五段後，用小紙片將菸草重新捲好，就是監獄裏俗稱的「老鼠尾巴」。

同學們人手一根，將這特製的「老鼠尾巴——聖經菸」點上火，一起吞雲吐霧起來。

一、兩個月後，又得知教會要來的消息，大家無不歡欣鼓舞地準備配合演出。我決定故技重施，坐在臺下用誇張的嘴型，唱出每一個字，就怕牧師沒看到我的虔誠。

「奇異恩典，何等甘甜，我罪已得赦免，前我失喪，今被尋回，瞎眼今得看見……」牧師看著我，再度滿意地點了點頭。

「牧師、牧師，請問可以給我幾本《聖經》嗎？」活動結束後，我又來到牧師跟前。

牧師覺得奇怪：「我記得你啊！前一、兩個月，你不是才跟我拿好幾本《聖經》？為什麼又要拿？」

經由旁人告知，牧師了解原委後，瞬間臉垮了下來，瞪大眼睛，「什麼！你們把主耶穌的《聖經》拿去吃掉，不是拿去讀？」

古靈精怪的我們說：「對呀！我們把它吃下去，我們的身體與上帝同在唷！」

誰控制誰

在雲林監獄執行毒品戒治一年後出獄，回到臺北五股的沙發工廠繼續工作。

假日，我還是繼續與以前的朋友在一起，並自以為是地想：「毒品這東西，只有我來控制它！哼！我才不可能讓這小小的東西所控制！」

但事實並非如此，我的用量愈來愈大，從安非他命用到海洛因，從香菸吸食到轉以靜脈注射方式。

最後，連工作也沒辦法好好做，整天想著毒品，只好結束工作，搬回彰化，過著人不像人、鬼不像鬼的日子。

我是毒品列管人口，警察隨時可來家裏檢查、驗尿，而我沒有戒毒，驗尿結果當然沒通過，免不了又是被抓。

我被送到嘉義監獄，執行第二次毒品戒治。經過一年，回到彰化，在姊夫介紹下，到雲林崙背做沙發。

在崙背，為了跟熟悉的藥頭買毒品，即使又雨又冷，我照常騎著機車，沿著臺十七線西部濱海公路，前往鹿港取藥。

一次得手後，我將毒品壓在腳下機車踏板上，避免夜間警察臨檢。然後，拚了四十多公里的路，頂著寒風，騎回崙背的工廠宿舍。停車時，我驚覺毒品已經不見。

真是青天霹靂！為了尋找那包毒品，我不管已是深夜一、兩點，再次騎上機車，沿著回來的路線逆向行駛，只要看到有一點點反光的袋子，就趕快停下機車查看。

毒癮發作時很難受，我不肯放棄，從崙背騎向芳苑，再從芳苑騎往鹿港，又冷又餓，直到天快亮，眼睛快看瞎，仍沒找到那包毒品。

我身上已經沒有錢，只好再去敲藥頭的門，拜託他再給我一點解癮。他拗不過我的苦苦哀求，拿了點東西出來後，我才心甘情願地回去。

我始終沒有戒毒，不到一個月，又被抓了。法官不再讓我戒治，判處我有期徒刑一年兩個月，移送南投看守所執行。

多功能馬桶水

南投看守所舍房的水壓非常低，我們住的舍房在長廊盡頭最後一間，當打開水龍頭，常常只看到涓涓細流。

這裏每間舍房都關了十幾個囚犯，獄方規定晨間盥洗只有二十分鐘，吃飯加上洗碗是十分鐘。舍房龐大的用水量，遇上極小的水壓，導致一群人常常無法在時間內完成。

於是，我們想出用馬桶集水的方法。早上起床後，大家會先趕快上小號、大號。等全部同學上完廁所，就用刷子塗上香皂，仔細地、用力地將馬桶內外刷洗得乾乾淨淨，不敢怠慢。

接著，用毛巾包覆沐浴乳的罐子，想像成止水塞的原理，將它緊緊塞住蹲式馬桶的排水孔，避免水流掉；最後，扭開水閥加以固定，那水就會像打開水龍頭一樣，不斷地流出來。

等水集滿整個馬桶，十多個人趕緊輪流盛水，刷牙、洗臉，等都盥洗結束，再將馬桶裏剩下的水舀出來，放在一旁的小水盆儲存起來。因為二十分鐘後水流即將停止，又要面臨無水可用的窘境。

吃完飯，會再有十分鐘的放水時間，我們又會迅速、熟練地重複動作，也因每天重複刷洗，馬桶總是保持得乾乾淨淨，雪白如新，大家戲稱它「小白」。

「小白」什麼都吃、什麼都喝，包辦我們十幾個人一整天的刷牙、洗臉、洗澡和洗碗，功不可沒。

夏日時節，酷熱天氣逼得我熱汗直流，使我想起可愛貼心的小白。我熟練地刷洗著它，並將馬桶集滿水後，蹲下身、彎著腰，雙手撐著地板，開心地把臉埋進馬桶裏，享受浸泡在水裏的清涼片刻。

只是隔天，我的眼睛嚴重感染細菌，紅腫刺痛不已。我不禁想：「原來，馬桶接的水真的很髒，也大概只有失去自由的人，才會拿來使用吧！」

創業

在南投看守所服刑十一個月後，回到彰化。

我很想振作、洗心革面，跟阿爸說想開沙發工廠。阿爸喜出望外，他支持我，相信我真的會改變，請人在屋後空地搭了一間鐵皮屋，並幫忙接了幾筆生意。

阿爸真的很疼我。之前大哥想要創業，跟阿爸開口借錢、想拿家裏的地去貸款，阿爸都不答應；而對我的事業，他卻當成自己的事業在做。

阿爸認真的寫了一份工作計畫表，並特地買了一個大白板來貼上，採購了鋸木頭的機器及兩輛全新的針車，開心地鼓勵我：「你好好地做。」

我還不會打版，爸爸請了一位打版師傅來幫忙。想不到沒多久，我又背著他們開始吸毒。工廠還沒正式營運，我就把鋸木頭機器上那顆又大又重的馬達，拆卸下來變賣，針車太重我拖不動，就把車頭拆下來換毒品。

打版師傅的薪水我發不出來，阿爸拿錢出來解決。打版師傅見狀主動求去，並跟阿爸說：「肇良變成這樣，這間沙發工廠根本做不下去了。」

事後，爸爸還想把我賣掉的生財器具買回來；對我的冥頑不靈、執迷不誤，感到萬分失望。

被趕出家門

工廠開不成，沒有收入，為了買毒品，我向地下錢莊借錢。地下錢莊的人跑到我家討債，阿爸氣急敗壞地把我趕出家門，揚言要把我的戶口遷移到外地。

我什麼都沒帶，只牽著一輛腳踏車，因為身上沒有錢，便跑到別人田裏的工寮睡覺，晚上就出去偷東西，換錢買毒品。

有毒品吸時，三餐就沒著落；三餐有著落時，就沒毒品可用。工寮旁有棵龍眼樹，樹上龍眼正熟，肚子餓了，就摘龍眼來果腹，常常吃到肚子嚴重脹氣。

有天，我怕工寮的主人出現，把鋪在地上的紙板收一收，騎著腳踏車往社頭去。到了山腳路旁一間石頭公廟時，看到正在舉辦廟會，豐盛的辦桌有炒米粉、焢肉、滷湯等，全用大盆盛裝。

我肚子很餓，看到工作人員還沒來，就把腳踏車停在一旁，拿碗快快裝滿食物，跑到一旁，吃了起來。

我的衣著骯髒、凌亂不堪，外形頹廢，像個街友、流浪漢。旁人莫不以質疑的眼光看我，幸好他們沒有阻擋我，讓我把那頓飯吃完。

飽餐一頓後，我又回到龍眼樹下的工寮睡。醒來後，肚子餓了，從工寮走出來時，迎頭遇上永靖派出所、人稱「鐵牛」的警察。

鐵牛一直想要抓我，這天完全不費吹灰之力，輕鬆地對我說：「來來來！阿良，來來來，上車。」

「上什麼車？」我當時毒癮發作，沒藥可用，肚子又餓，已經沒有力氣和他拚搏，只好乖乖地上車。

那一天，他騎的是機車，叫我坐在前面，就這樣把我「抓」回派出所。

到了派出所，他訂了一個外送便當給我吃，而後採了尿，填寫相關資料函送後，要我回家等候開庭。

我沒辦法回家，只好繼續流浪。實在沒地方可去了，白天就偷跑回家附近躲藏。幾次後，阿爸看到了我，大概知道我已走投無路，便裝作沒看到。我看阿爸沒有要趕我的意思，趕緊摸摸鼻子走進屋裏，洗澡換衣服。

因為持續使用毒品，我沒辦法正常工作。阿爸幫喪家搭設靈堂，人手不足就找我去幫忙。我有體力就去，沒體力就賴在房裏。

有一次，我陪阿爸到喪家搭設靈堂，他心有所感地跟我說，這戶人家的孩子因吸毒入獄，前一天才手銬腳鐐地回家奔喪。

阿爸受到很大的衝擊，真切地對我說：「阿良，我這輩子唯一的願望，就是如果有一天我往生了，我不希望你啊，跟這戶人家孩子一樣，手銬腳鐐地回來拜我！」

「不會啦！不會啦！」我不以為意，但內心有點心虛。因為我根本沒辦法給阿爸任何承諾，只是隨口敷衍。

當下的我，一心只想趕快把手頭的工作做完，好再去找藥頭。

偷錢

「阿良，後院有一顆盆栽倒了，你來幫我扶一下！」阿爸在樓下呼喊，我假裝沒聽到。

此時的我，毒癮正發作，全身忽冷忽熱，頭痛欲裂，皮膚像有萬蟲在鑽動；酷熱的夏天裏，全身冷汗涔涔，從背脊傳來陣陣寒意。

我躲在房間，窗簾全拉上，瑟縮在床角發抖，腦海瘋狂轉動，搜尋每一位藥頭的名字，心想是否有人可以賒我一筒海洛因，讓我打一針，解除眼前的痛苦？

「阿良，你來幫我扶一下盆栽啦！」阿爸更大聲地喊著。他的呼喊，讓我的頭更痛，看來不下去幫忙，他是不會放棄。

「好啦！好啦！」我啞著聲音回答，心不甘情不願地從床上緩緩起身，撐著身子，勉強下樓來到後院，看到倒在地上的盆栽，不禁火冒三丈。

「阿爸，這樹仔這麼小欉，你自己推起來就好，還要叫我。」我生氣地把盆栽扶起來後，轉頭就走，再次躲回黑暗的房間裏。

我聽見阿爸發動老舊機車的引擎，噗噗兩聲，沒有成功，再發動第二次，終於響起轟隆轟隆的聲音……

阿爸載著盆栽出門了，家裏終於只剩我一人。我習慣性地潛進父母房間，東翻西找，衣櫥裏每一件衣服的口袋都不放過；枕頭下、抽屜裏……愈找心愈急，豆大的汗珠從額頭流下，妨礙了視線；因為心虛，手有點發抖，也不太聽使喚……

「怎麼會沒有半毛錢？」我知道阿母會把錢藏在房間裏，我偷過好幾回，她氣到指著我罵：「不孝子！」

「難道，她現在都把錢帶在身上？」

「拜託！讓我找到錢，多少都好，我真的好痛苦……」我看到一堆放在地上的換洗衣物，一件一件拿起來搜……

終於，在阿母換下的工作褲裏，翻出幾張皺巴巴的百元鈔票，「應該是阿母換衣服時，忘了把錢收起來。」

「這下有救了！」我喜出望外，腦海浮起阿母生氣又傷心的表情……但我大力地搖搖頭，把那些拋諸腦後，騎上機車，飛速地往藥頭家的方向奔去。

阿母的眼淚

每當毒癮發作時，我只能四處找錢，常常是「有步想到沒步」，偷、拐、騙等招數都已經用盡。不得已，就打電話拜託藥頭，讓我賒欠，先度過毒癮發作的痛苦。

有一次，好不容易聯絡到藥頭願意先給藥，他告訴我：「人在溪湖。」我便抓狂似地騎上摩托車，一路狂飆，腦海裏只有毒品，其餘都看不到了。

二十幾分鐘的路程，我將油門一路「催到底」，到靠近埔心附近一個左轉九十度的大轉彎，依然捨不得放鬆油門，一心只想衝！

「碰！」不期然的，在完全沒有減速下，我直接撞上路邊人家的籬笆，把人家的烤漆板撞出一個大洞，整片凹了下去；而我則反彈出去，在地上翻滾了好幾圈。

緊接著，一陣尖銳的煞車聲。騎在我後面的摩托車騎士見狀，緊急煞車，停下來詢問我的狀況，熱心地要幫我打一一九叫救護車。

我躺在地上，兩眼渙散、無神，眼前一片黑。等回過神時，發現雙手和腳正在流血，其中一隻手指頭斷了，血流不止。

我忍著痛，用盡全身力氣站起來，拒絕路人的好意，一隻手緊掐著不斷流血的手指頭，一跛一跛地走到離出事地點不遠的堂姊家。

「你又怎麼了？為什麼都講不聽啊！怎麼說你都聽不進去，快點上來啦！」堂姊見我全身是血，緊張到語無倫次，趕緊載我到診所。

她看到醫師一邊縫，我的手指頭還繼續流著血，便紅著眼眶、忍著眼淚，跑到外面等我。包紮好後，直接載我回家。

阿爸與朋友正在客廳裏小酌。他才看到我急急忙忙騎著摩托車出門，不一會兒就全身是傷被載回來；嘴巴一張，說不出話來，只是吐了一口長長的氣。

「進去休息吧！」他輕輕地對我說。

幾天後，員林分局的警官到家裏來抓我。

阿母看到警察，急急忙忙上前說：「警察大人啊！讓我拜託一下，讓我先幫他把受傷的手指上藥；不然這次進去，大概無法再去醫院換藥了吧！」

阿母擋在我的前面，苦苦哀求警察，不發一語地用消毒水幫我消毒傷口。消了毒，上了藥，她拿來兩隻冰棒的木棒，把手指頭夾著，再用綳帶纏繞、固定……

「這次進去，你一定要改，不然我也不知道該怎麼辦了！」始終低著頭的阿母，淚流不止，仔細地一圈又一圈，幫我纏著綳帶。

包紮好時，她的兩行熱淚，早已弄溼纏繞在手指頭的綳帶；等著帶我回警局的警察，也紅了眼眶……

阿母捨不得地塞了兩塊麵包給我，說：「你到了警察局就有東西可以吃。」她再從口袋裏掏出幾百塊錢，塞到我的手裏，怕我這次入監服刑，不知多久才能回來。

阿母所有的心思，任何一個念頭，都是為了我，捨不得我。我在這時候才明白地小聲說：「阿母，對不起！請再給我一次機會。」

而阿母只能一直哭，一直哭，直到看著警察銬住我的雙手，把我帶走。

警察上門

我想戒毒，但談何容易？阿爸看到我為了毒品失去理智，氣到快瘋了。他選擇逃避，經常邀約朋友喝酒、唱卡拉ＯＫ，麻醉自己。

我一再吸毒，經常有警察荷槍實彈來家裏抓我。

一次，警察來家裏敲門，我把前後門都鎖上，打死不開門！

阿爸和一堆朋友在後面的小房間唱歌，得知一群警察上門，感到顏面盡失。

「死囝仔！你把門打開！」父親抓著後門，大聲地喝斥。

「我死也不要！」我大聲回應。

「死囝仔！講不聽？打開！我叫鎖匠來！」父親暴跳如雷，連聲咒罵。

我和阿爸僵持了一陣子，看到他發怒又傷心的表情，心想不開不行了，便轉身跑到樓上房間，拉開窗戶把針筒等施打毒品用具，拋到隔壁的園子裏，再匆忙地把毒品拿到廁所，沖進了馬桶。

確認沒有遺留下什麼證據後，我才跑到樓下把門打開。警察一擁而上，把我壓制在地，另外幾位警察衝到樓上，到我房間搜查。

阿爸在一旁看著，既傷心又憤怒；我趴在地上，側頭看著他，內心感到羞愧與自責！

「在你房間搜到的，還有什麼話說？」一個瘦高的警察從樓上下來，手裏拿著一包海洛因，以高八度的尖銳聲音質問我。

我不語，心裏懊惱，「怎麼忘了床墊下還塞著一包？」

阿爸不想再看到這一幕，更不想看到我被押上警車，逃避地躲回他的房間。那些唱卡拉ＯＫ的人，帶著看好戲的心情，目送著我被帶上警車離去。

他們從頭到尾目睹這一幕，不時發出幾聲嘆息，「夭壽哦！青山人這好，哪會出這款兒子？」

這次，我被抓到北斗分局後，再度被飭回。

大義滅親

被毒品束縛，相當痛苦。每天睜開眼睛，就是想去哪裏弄錢，好去換毒品，即使是非法勾當，也做得出來，偷、拐、騙樣樣來，除了經常向家人伸手要錢，也用盡理由向親朋好友騙錢。

拿不到錢時，就在家裏四處搜刮；再找不到錢時，就拿家裏的物品變賣，換取現金。庭院裏，阿爸辛苦栽種的盆栽；房間裏，阿母珍藏的金飾，都逃不過我的魔掌。

這段時間，不只對阿爸、阿母是殘酷的傷害，對家人而言，我像是一顆未爆彈，隨時隨地都有可能闖禍。他們必須像防小偷一樣，提防著我。

一個人吸毒，全家都痛苦。我一次又一次無間斷，家人真的受不了，姊姊只好報警處理，鄰近住家的警察局，都有她報警的紀錄。

毒品是一罪一罰，可以抓好幾次。警察抓了我，往往到彰化地檢署就飭回，等待法院開庭。姊姊不堪其擾，常到彰化地檢署網頁留言申訴，希望我被抓後可以直接入監服刑。

有一次，彰化地檢署開庭，書記官非常生氣地直接喊我的名字：「高肇良！這一次我不會放過你，一定要讓你進去關。連你姊姊都打電話來要求讓你直接入監，你再不乖一點，一定要讓你關到頭毛生蝨母、鬍鬚白。」

最後裁定三萬元交保，但我沒人保也沒有錢，以身分證簽名自保釋放。

書記官從二樓跑下來，對著自拘留室出來的我，喊著：「高肇良！回去以後，如果又亂來，絕對不放過你！」

我無法斷除毒品，又不能沒有毒品，也想進去關算了；但是，想直接入監服刑，沒有那麼快。常常，警察上午來抓一次；下午，其他警察再來抓一次。這種「被抓，再被釋放，再被抓，再被釋放」的惡性循環，多到數不清，令我身心俱疲。

阿爸病了

阿爸心情鬱悶，長期飲酒，導致健康狀況愈來愈糟。他無力扶起盆栽時，我萬萬沒有想到，勇健得像一座山的阿爸，已被病魔悄悄地附身。

他在六十二歲那年，反覆高燒不退，人愈來愈瘦，身體愈來愈虛弱，到小診所拿藥，吃了卻沒什麼起色。家人覺得不對勁，把他轉送到彰化基督教醫院。

醫師幫父親做了徹底檢查後，嚴肅地宣布：「高先生罹患了血癌，剩下的時間可能不到半年！」

一聽到血癌，大家都慌了。阿母緊抓著大哥的手，穩住差點癱軟的身子，接下來醫師講什麼，她再也無法聽見，只是不停地拭淚。

從那天起，阿爸就住進了醫院，由家人輪流前往陪伴、照顧。

我在閣樓黑暗的房間裏，隱約聽到大家討論著阿爸的病情，偶爾夾雜著阿母哭過的鼻音。

知道阿爸正在和病魔奮戰，我的內心也很煎熬，痛恨自己的不孝，連阿爸生病了，我還滿腦子的海洛因、海洛因、海洛因！

我的毒癮愈來愈大，一針只能撐三個多小時；時間過了，如果沒再打上一針，發作起來，簡直生不如死！腦筋裏除了錢、除了毒品，再也裝不下任何別的了。

有一次，鄰居阿婆嘲諷地跟阿母說：「阿嬸，恁家家世清白，怎麼會出一個毒蟲？」正要從後門出去的我，看見阿母那苦笑的臉，實在很想衝出去，狠狠地給那阿婆一拳，大聲咆哮地把她趕走。

「沒代誌做的老太婆，那麼愛嚼舌根，有本事衝著我來啊！」但我只是心裏想，什麼也沒做，雙腳像被釘住了一樣，一步也邁不開！

阿婆嘲笑揶揄的聲音，如潮水一波波地湧來，在我腦海一直重播、一直重播，「阿嬸，恁家家世清白，怎麼會出一個毒蟲？」

我抱著頭，忍著四肢百骸的蟲鑽、蟲咬，好想去死！

「阿爸住院了，開始接受化療；阿爸又吐了，阿爸更瘦了……」為了阿爸，家裏忙亂成一團……阿母四處求神拜佛，尋找偏方，只希望阿爸能好起來。而他們什麼都不跟我說，只求我這陣子乖一點，別再捅什麼婁子，讓阿爸生氣。

聽到家人焦急討論阿爸的病情，似乎很不樂觀，我很想、很想去看阿爸，於是騎上了摩托車，迷迷糊糊地來到醫院。

阿爸抵抗力弱，住在隔離病房。我套上綠色的隔離衣，輕手輕腳地推開病房門，看見阿爸躺在病床上，一手打著點滴，一手打著化療的藥劑，眼睛緊閉，面容憔悴，花白的頭髮似乎更白了。

病房裏散發著酒精的氣味，看護坐在一旁看報紙。

「阿爸，你有卡好嘸？」我走近病床，囁嚅地說。

冷氣好強，輕輕吹動了窗簾布。陽光從布的縫隙透了進來，將窗簾的影子映照在地上搖曳……我感到陣陣的寒意。

阿爸睜開眼睛，看了我一眼後又閉上，緊抿的嘴唇，成為一條線。

我在家屬休息椅上躺了下來，蜷縮著身子，望著阿爸。

因毒癮發作，我忽冷忽熱，一直發抖打顫，一直流鼻水，眼裏應該也是布滿血絲。這裏的冷氣，真的太強了。我胃一翻攪，吐了，看護一臉不高興地忙著收拾。

阿爸睜開眼看著我，眼裏滿是生氣與無奈。他勉強撐起虛弱的身子，用手指著我，含著淚水說：「憨囝仔，你回去，我現在沒法度照顧你！」

阿爸住院時，我唯一一次想去看他，照顧他，陪伴他，卻無能為力，只能落寞地走出醫院！

車禍

走出醫院，我在路邊用公共電話打了好幾通，苦苦哀求藥頭，「拜託，先讓我打一針，以後一定加倍還給你！」

「拜託，拜託，沒有這一針，我真的會死！」我四處求情，只要有人願意給我一針，我下跪都行。

我打電話給一位藥頭，請他準備好海洛因，約好時間、地點，說我一定會想辦法弄到錢。

家裏能賣的東西都被我拿去賣了，靈光一閃，想到現市桃花盆栽價格不錯，「不如偷別人的花去賣。」拖著不停打顫的身體，我騎上摩托車，速度飛快，深怕一個耽擱，藥頭就不等了。

來到一處偏僻的花田，裏頭擺滿大大小小盆栽。我在田邊繞了兩圈，選定一盆看起來能賣個好價錢的桃花，並且大小適中，摩托車能載得走。

打定主意後，我的心臟咚咚咚地狂跳，手心直冒汗，緊張得不停吞嚥口水。多繞了一圈，確定四下無人後，才停下摩托車，衝進田裏，抱起那盆桃花，迅速跳上摩托車，打算去花市隨便賣個價錢，好換取現金！

「可惡，開這麼慢！」我騎在田間小路上，前方一輛砂石車擋住車道，完全沒有空隙可以鑽過去。我將車頭往左一拐，加足馬力想從對向車道超車；這時，對向車道駛來一輛轎車，我來不及煞車，便迎頭撞上。

霎時，好像電影的慢動作般，我彈飛了起來，感受到燦爛陽光灑在身上的熱度；藍藍的天空點綴著幾朵白雲，路邊田裏的稻禾正綠，遠處是幾間低矮的房舍……

而後，不知哪裏傳來狗螺聲，我重重地摔了下來，桃花盆栽應聲碎裂，碎片及泥土散落一地，原本翠綠的枝葉折斷。

我倒在地上，感受到小腿傳來的劇烈疼痛，茫然地轉頭看著，只見小腿骨折刺穿皮膚，血流如注。

「啊！啊！」一位小姐趕緊從轎車上下來，直奔我來，一邊不停地尖叫。

我閉上眼，耳邊迴蕩著那位小姐的尖叫聲，一身因撞擊而引起的疼痛翻湧而出，我想著：「不如就這麼死去吧！讓所有的痛苦都結束吧！」

救護車很快地來了，火速把我送到醫院。當我睜眼看到護理人員身上的制服，不禁心頭一驚，「這不是阿爸住的那家醫院嗎？」

警察通知了家人，阿母緊急趕來。「你怎麼又惹這一齣？怎麼都不改？有安怎嘸？」阿母氣急敗壞，又擔心又生氣。

我無臉面對阿母。

醫師緊急幫我開刀，骨折處用石膏固定，身上挫傷包紮妥當後，讓我住院。

我躺在病床上，身上的麻藥未退，還未能感覺到傷口的痛楚，卻是一顆心，好痛，好痛！

我好害怕阿爸知道我發生車禍的消息，「他會怎麼想？會不會氣壞了？」

「他病得那麼重，這一氣，怎麼得了？」正在胡思亂想之際，病房門被推了開來，阿爸的身影出現在眼前……

他手上吊著點滴，由看護攙扶著，沒有走近，只站在病房口，遠遠地望著我，眼裏充滿不捨與無奈。

猶記得上午，阿爸對我說過的話，「憨囝仔，你回去，我沒辦法照顧你！」沒想到傍晚，我就被救護車送來醫院，與阿爸相鄰在樓上樓下的病房，情何以堪！

我們父子四眼對望——阿爸，悲極無言；我，羞愧無顏。

感覺有一世紀那麼長的時間後，阿爸靜靜地轉身，離開病房。我看著阿爸的背影，再也忍不住，眼淚一直流，一直流，一直流……

住院期間，警察來醫院要抓我去服刑；但因我腳傷嚴重，也沒有體力，所以沒有立刻被帶走。

五天後，我出院了。接受化療中的阿爸，也向醫院請假回家，想休息個幾天再去。

一離開醫院回到家，我便受不了毒癮發作的痛苦，拄著枴杖就要出門。阿母見狀擋在門口，不讓我出去，阻攔的聲音，驚醒了在後面休息的阿爸。

他從躺椅上起身，走了出來，看到阿母拉著我，霎時一股氣上來，隨手拿起旁邊的垃圾筒，往我身上丟過來，「恁爸就不相信有辦法生你，卻沒辦法教你。」

然而我毒癮發作得厲害，顧不得生病虛弱的阿爸，以及傷心至極的阿母，硬是拄著枴杖、蹬著腳傷，走了出去。

毒品麻痺了我的身心，卻無法麻痺我必須服刑的事實。出院不久，警察再次通知我入監服刑。

阿爸仍在醫院接受化療，而我腳傷還未好，就拄著枴杖到地檢署報到，隨即被收押在看守所；十天後，再次被分發到雲林監獄。

在雲林監獄新收房一個月後，下了工場；約一星期，雜役突然大喊：「1545！」

我拐著腳到主管面前，問：「報告主管，什麼事情？」

「你的掛號，簽就對了！」

我拿起筆，在簽收紙上寫下姓名。

「您爸爸往生了。這裏不是你的家，自己跑到後面冷靜、冷靜。」

我雖然已有心裏準備，當下還是非常地難過與不捨。耳邊再度響起阿爸對我說過的話：「我這輩子最大的一個願望，就是不希望你在我往生後，手銬腳鐐地回來拜我；這種悲劇，我不要它發生在我們的家裏！」

言猶在耳，我卻讓這個事實發生了。

沒幾天，主管又通知我：「1545，你穿著長褲，我們要帶你回家。」

我依著指令換上長褲，穿上監獄裏公用的布鞋，被主管押解到中央勤務指揮中心的中央臺，依令坐到小板凳上。

「雙腳打開。」兩個雜役過來，一個拿著三公斤半的腳鐐，一個拿著一支大鐵鍾和鉚釘，大聲地叫我：「坐下，坐在板凳上，雙腳打開，一隻腳先伸出來。」

雜役把腳鐐扣上我的腳踝，密合後再把大約五公分長的鉚釘，穿過腳鐐與腳鐐連結點上的洞口，拿起大鐵錘將實鐵的鉚釘打彎，如此無法用鑰匙打開，想要脫逃也沒辦法。

一隻腳鎖好後，他們叫我再伸出另一隻腳，用同樣方式將我的腳鐐銬住，再拿出一條鐵鍊，從腳鐐及腳鐐間穿過，叫我把鐵鍊拉高不要出聲音，我的雙手隨即也被手銬銬住，而後由四位主管一前一後，將我押解出雲林監獄的大門。

大門外，已有一輛計程車等著。坐上計程車後，司機快速地從虎尾交流道上高速公路，一路往北開到北斗交流道下來，循著斗苑路前進，再接到臺一線，往永靖方向開去。

計程車在離巷口二十公尺處停了下來。突然間，大哥氣沖沖地跑出來，指著計程車裏的我說：「你給我出來，跪下，給我往裏面爬。不孝子，弄成這樣，能看嗎？」

我望著車外的大哥，無奈地對他說：「要這樣對我嗎？外面那麼多人。」

「你給我出來，跪下，用爬的進去。」

車門打開後，我跪在地上，死命地往家裏爬，一直哭，隔壁鄰居全跑出來看，指指點點的，「毒蟲！毒蟲！生這種兒子真的沒用！」

我頭一點也不敢抬，理都不敢理，只有跪著、爬著……

「叔叔，為什麼當壞人？」突然間，國小二年級的姪女，大聲地說著。

我爬到靈堂前，大哥打開冰櫃的電燈，要我把雙眼打開，看看躺在冰櫃裏的阿爸。我不敢看阿爸的遺容，我讓他連最後一個願望都破滅了，實在沒臉見他！

阿母在旁邊哭喊著：「你的人生，你要這樣過，整個人就只有毒品而已；你甘知影，家裏弄到如此地步，你要怎樣才甘願；你看，你阿爸都走了，你一輩子就只有毒品嗎？」

阿母的哭喊聲，引得親戚們通通跑出來，令我羞愧無言。

不到十分鐘，主管就喝斥我：「好了，時間到了，要回去了！」

我拿起三炷香，對阿爸拜了拜後，就被主管往外面帶。

上了計程車，我的眼淚，不由自主地一直流，一直流，「為何我的人生會到這種地步？」

導讀《人有二十難》

奔喪後，我回到了雲林監獄十工場。

「人，說走就走；活生生的一個人，就這麼在世上消失了……」那段時間，我心情相當難過、低落，得空時就念經回向給阿爸；一段時間後，心情才比較平靜。

十工場的教誨師，喜歡拿慈濟出版的書給收容人看，也因典獄長熱衷於推動讀書會，進而每個工場都要導讀一本書，各需一名導讀人。導讀人必須先看書，主管可能看我常將工場的書籍借回舍房看，加上幹部的推薦，我被選為十工場的讀書會導讀人。

被選做導讀人，就不用工作，我歡喜接受。

我所導讀的是《人有二十難》。我念一段，然後把感想說給同學聽，再請同學們分享對這段內容有什麼心得？

三、四個月後，典獄長會來驗收成果。這時會舉辦大型的導讀會，在工場前方擺上一張長桌，鋪上桌巾，典獄長坐中間，科長、主管、專員分坐兩側，看著臺下一百多個同學……

我是司儀兼導讀人，拿著麥克風，輪流提示哪一舍房的哪一個同學念《人有二十難》的一段內容，然後說出我自己的感想，再請一位同學上臺分享，再由我講一段結語。

導讀《人有二十難》，讓我思考「為什麼會難？」知道了要成就每一件事情，都有一個原因，如果克服了那個原因，就是讓一個人成功的關鍵。

我因此認識了慈濟，對這個團體感到佩服，卻是僅止於此。書裏頭的那些大道理，並沒有真正入心，等我一踏出監獄大門，那些似有非有的領悟，便飛到九霄雲外去了。

泯滅良心

我總是等不到吃年夜飯，又被抓進了監獄裏。關了又放，放了又關，無止境地進進出出……「人生」對我而言，只剩生活地點的不同而已。

每次期滿出監，來自四面八方的關心、噓寒問暖、刻意問候……不論是言語上的諷刺揶揄，還是態度上的鄙夷不屑，都是我無法容忍的外在壓力。

我的出獄，對家人而言，是一種麻煩和困擾。我每進去一次，他們就痛心一次；每出來一次，他們就困擾一次。

每當大家希望我能重新開始，特別的關心和協助下，多問幾次「有去找工作嗎？」「工作找得怎樣？」我就會覺得不耐煩。

「是對我不信任嗎？不相信我嗎？」

雖然我具備製作沙發的好手藝，但因一向視面子比生命重要，總因受不了被工廠裏的人指指點點，而一家換過一家。

親友都說，阿爸是被我這個不孝子氣死的，弟弟也說：「爸爸會這樣，你要負最大的責任！」

「想要活的，活不下來；年輕的，卻一直往死路走。」

家人的關心，他人的冷言冷語，弟弟的責罵，對我都是壓力；找工作的現實，對我更是壓力……

面對生活接踵而來的壓力，芝麻綠豆大的事，我都能心生不滿、事事抱怨，最後全成了我繼續使用毒品的理由和藉口。

想買毒品又沒錢時，能怎麼辦？當然就是借。沒人肯借我時，就再度的泯滅良心，用最傷害家人的方式，偷！

我到阿母的房間翻箱倒櫃，就算是幾百塊錢都好。找不到現金時，就找可以換成現金的物品，阿母收藏的黃金項鍊、戒子等，全成為我的目標。

阿母很聰明，會把金飾分開藏，藏在衣櫃裏、藏在枕頭裏，或是摺在衣服裏；而我，就像一部金屬探測器，不論她藏在哪裏，都能找得到。就這樣神不知鬼不覺的，我把阿母的金飾，一項一項地偷走。

一次，我毒癮又發作，全身控制不住地冒汗。我知道阿母將所有值錢的東西，藏到天花板改裝的置物空間內；我小心翼翼地拿著梯子，迅速進入她的房間，爬上去要拿金飾。

阿母在離房間只有一牆之隔的客廳和鄰居聊天；我很小心，不讓阿母聽到聲音。

好不容易拿到手後，我鬆了一口氣，只想趕緊溜出門去找藥頭。

「碰！」門突然應聲打開。

「夭壽死囝仔！你給我下來！難怪我的金仔愈來愈少，就是你拿的。」阿母瞪大眼睛，滿臉通紅地嘶吼著……

「啊！還沒有拿到手就被逮到。」我耍賴地站在梯子上不肯下來，阿母只能在梯子底下一直罵，一直罵……

最後哥哥和姊姊都跑來，半勸半拉地把我拉下來；此時，阿母已經氣到毫無理智地邊打、邊踢、邊罵……

每次，我偷了東西後，有摩托車就騎摩托車，沒摩托車時，就抓起腳踏車，拚了命似地趕去找藥頭。

當時黃金價格還不錯，但我不是拿到銀樓變賣，而是直接拿去和藥頭換藥。每次，藥頭看到我匆匆忙忙地跑去，就知道我毒癮發作，根本沒有條件談價格；對我而言，有就好，藥頭就乘機殺價，用很低的價格拿金飾交換毒品。

當我找不到東西可以換毒品時，就得苦苦哀求藥頭，「讓我欠一下啦！我下次一定還啦！」

剛開始，他會拿藥給我，最後，他看我沒有拿錢，也沒拿金飾，就會一臉不耐煩地說：「我又不欠你，你以為我開銀行的喔！」然後不客氣地把我趕走。

我像連續劇裏演的一樣，日日上演著吸毒者的悲哀。自私又不懂事的我，不會了解，我最大的損失是家人對我的信任；從小對我疼愛有加的大哥、大姊，和我是「師公聖杯」的弟弟，對我的信心早已磨滅殆盡。放棄，變成他們唯一可以選擇的路。

鐵門上鎖

阿母看我誤入歧途，始終不知悔改，早已心力交瘁。她常常一個人坐在外面藤椅上，兩眼空洞無神、布滿血絲，疲憊的模樣，我知道她又操心到整晚沒睡了；心情，隨著我的一舉一動受苦。

雖然阿母傷透了心，但她依然絞盡腦汁，希望協助我脫離毒海。儘管家境並不富裕，阿母為了幫助我戒毒，請來了密醫。

這位沒有執照的醫師，總是提著一個四方形的黑色皮箱，來了之後不發一語，直接上到二樓我的房間，拿出一個鐵製的便當盒，打開，拿起棉球，在我手臂上來回擦拭後，拿起一支針劑往我的血管注射進去，說是「戒毒劑」。

「醫師」打完「戒毒劑」後，收拾便當盒，提起包包，又不發一語地下樓，跟阿母收取八千元。

八千元，約是一般人家半個月的薪水。但是為了我，阿母眉頭沒皺一下就付錢，還跟「醫師」預約下次來注射的時間。

阿母花費大把的金錢，想盡辦法要協助我戒毒，我卻仍然常偷跑出去買毒品，毫不留情地踐踏家人對我的付出；最終，阿母只好使出下下策，悄悄地請人打造一扇鐵門，把我關了起來。

「就是現在！趕快乘現在，將鐵門鎖上去！」阿母站在我房門口，對著樓下大喊。

因毒癮發作，我四肢無力地躺在床上，除了眼淚、鼻涕直流，還上吐下瀉，已是自顧不暇，根本沒有體力和精神去理會阿母到底在做什麼？

「碰！碰！碰！」我全身癱軟，依稀看到弟弟和他的朋友，迅速拆下房間的木門，接著連續六聲裝釘鐵門的撞擊聲，讓我頭痛欲裂。

我在敲打聲中昏昏沈沈地睡去，而後迷迷糊糊地醒來；等完全清醒、睜開眼睛，看到鐵門已緊緊地將我封鎖在房間裏。

我被關在房間後，每天的三餐是阿母親自送來。她年事已高，加上長時間辛苦工作，雙腳膝蓋早已退化、痠痛，上、下樓對她而言，是一種折磨。

怕我餓著，她總是咬著牙、忍著痛，一手拉著扶梯，一手端著飯菜，一個階梯、一個階梯地慢慢爬到二樓。

她每次上樓都氣喘吁吁，但連喘口氣的時間都捨不得，就趕緊將飯菜由鐵門下方的特製小門送進來，心疼地說：「憨囝仔！你要呷多吃一些，才有體力戒毒啊！」

每次她看我毒癮發作、全身顫抖、鼻涕眼淚直流的狼狽模樣，就會站在鐵門外看著我，淚流滿面，眉頭緊鎖。

她只想陪伴著我，陪我度過這痛苦難熬的階段，直到確認我平安無事。

然而，再多的親情也無法承受一次又一次的欺騙，再多的捨不得，也禁不起一次又一次的傷害。

自從我被關在樓上後，只有阿母始終不放棄，相信我一定能改，其他的家人則選擇不再面對我；因為對我的關心愈多，希望愈多，往往失望也就愈多。

這段時間，唯一會來看我的，只有Michael——一隻家裏養了多年的小狗。

每次阿母要拿三餐上來時，Michael就會一直往上衝，衝到樓上後再由鐵門下方的小門鑽進我房間，撲上來伸出舌頭拚命地舔我。

阿母看見Michael在我身邊興奮地搖著尾巴，對著牠罵：「笨狗啊！笨狗，別人不跟，你跟他！」語氣充滿著無力和無奈。

我因長時間使用安非他命，精神始終處在亢奮狀態，無法入睡，但身體又很累，有時會突然累極睡著，但眼睛還是張開的。

阿母看到嚇一大跳，非常擔心，認為我一定撞邪了，才會一直吸毒。她偷偷剪下我的頭髮、指甲，四處去求神問卜、收驚，希望能幫我驅魔。

她從神壇拿回兩張符仔，一張化在水裏讓我淨身，一張化成灰，泡在開水裏，要我喝下去。

從三太子問到帝爺，大帝、二帝、三帝，還有天上聖母等全省南北的神幾乎都去問了，棉被裏、枕頭下、床墊下，一翻開，全是某將軍、太子爺、帝爺的符仔，連我房間門口都貼了好幾張。

她又聽說，鴉片戰爭前，大陸有個村，村民們全染上吸食鴉片的惡習，而後有人請了一尊關聖帝君到村裏，才使村民漸漸把鴉片戒了。國民政府播遷來臺時，這尊關聖帝君也隨著被請到臺灣，落腳彰化的田尾。

有天，阿母硬要我跟著去拜拜，認為這尊帝君專門治鴉片，一定也可以治海洛因毒品。

當然，這些都沒有用，我還是持續吸毒。

防不勝防

這天是我被關在樓上的第四天。眼見窗外豔陽高照，燦爛陽光穿透鐵窗，灑在房間的地板上，我拉著鐵門哀求阿母：「您看啦！外面太陽那麼大，讓我出去晒晒太陽好不好？這樣我才能夠戒得比較快啦！」

阿母聽了後，轉頭看著外面，一副若有所思的模樣。她禁不起我的苦苦哀求，「喀」的一聲，把鐵門打開了。

「你現在在戒毒，出去晒晒太陽、跑跑步運動一下，或許會有所幫助。」

從房間出來後，我立即轉身溜進弟弟房間，拿起平時備用的電話，迅速丟進我房裏的棉被內，再趕緊跑到樓下，向坐在門口緊盯著我的阿母報備：「我會從這裏跑到屋後，不離開你的視線，跑完後，我會乖乖地回房間睡覺，請您放心。」

第一天，很乖，沒事！

第二天，我將偷藏起來的電話接上電話線，打給藥頭。

這位藥頭是我念書時的同學，外號叫「水雞」。他義氣相挺，準備了一支裝上海洛因的針筒，用衛生紙包好，丟在我家屋後門邊。

隔天，我又騙阿母想出去晒太陽、跑步活動筋骨。阿母不疑有他，開門讓我出去，一樣拿著籐椅坐在門口，兩眼緊盯著我從前門跑到後門，再從後門跑回前門。

我來來回回，不知已跑了幾趟。突然間，看見包著針筒的衛生紙，又緊張、又興奮，心跳加速。

我一邊跑，一邊若無其事地彎腰，把針筒撿起來，再利用手指調整位置，讓它完全掌握在我的手心，心裏想著，這一連串的動作做得完美無缺，一定是神不知，鬼不覺。

當我一臉自豪地轉過身時，差點撞上阿母。

她面無表情說：「那是什麼東西？你給我拿出來！拿出來喔！」

阿母大聲咆哮，「夭壽死囝仔！我已經將你關起來了，你怎麼還是改不掉吸毒習慣，你真正是不孝子！」

阿母很生氣，對我一直罵。

「是衛生紙啦！就只是一坨衛生紙啊！」我一再狡辯。

「那你拿出來啊！」

我們兩個僵持著，一個死都要見到那坨衛生紙，一個死都不把衛生紙拿出來……

阿母突然發瘋似地衝過來抓住我的手，拚命地搶我手中的針筒。

「你放手，你放手喔！」她大喊。

手上的針筒對我而言，是結束這種痛不欲生的日子，唯一的希望，怎能放手。我在心裏大喊：「我不放手，死都不放手！」

「啪！」我手上的針筒禁不起兩人的拉扯，硬生生斷成兩截，一截掉在地上，另一截緊緊地握在我手中。

「死都不放！」我狠狠地想著。

阿母被眼前的景象嚇壞了，她先愣了一下，隨即跪倒在地，放聲大哭。

她一句話都沒說，只是一直哭，一直哭……

我知道，我又重重地傷害她了。

當別人都遠離我時，只有她陪伴著我；當別人都放棄我時，唯有她相信我。今天的這一幕，徹底擊垮她的信心。

心癮難除

因為先前的不良記錄，阿母限制我活動空間只能在二樓陽臺和房門口走道，而且只在阿母送餐上樓後，才有餐後散步時間。

但是，我房間還有一樣能與外界聯繫的物品──電話。

我打電話與「水雞」聯繫，請他幫忙準備毒品，再到我家二樓陽臺對面的馬路，用我們約好的暗號──按摩托車的喇叭，「叭叭！叭叭！」聽到後，我會拿著在高雄工作時去澄清湖釣魚的那支十二尺釣竿，甩出去……

「快一點……快一點……我阿母在樓下！」

「水雞」趕緊把毒品綁在線上，我再把它抽回來。

果然天衣無縫，成功偷渡了好幾次。

這天，庭院的盆栽有些乾枯，阿母拿著水桶要到院子澆水，突然看到我從樓上甩出釣魚線，優雅地從她頭上掠過，而「水雞」剛好騎車到達，當場人贓俱獲。

阿母手上還拿著水桶，就開始大罵：「夭壽死囝仔！夭壽死囝仔！千想萬想都是毒品，死不知悔改啊！」

這下，我的活動空間又縮小了，只剩我的房間。

但是，我依然想著毒品，一心想要如何拿到手。我被這一股強烈的欲望控制著，一直處在浮躁不安狀態。

這段時間，我同時吸食安非他命和注射海洛因。食用安非他命造成我暴瘦，瞳孔放大、兩頰凹陷，全身皮包骨，體重只剩下四十公斤，於是我將目標放在鐵門下方的小門。

我嘗試從小門鑽出去，幾次都沒有成功。最終，還是欲望戰勝了有形的限制。

我在鑽時，不管手臂受到鐵門磨擦而疼痛，不管是否會卡住，我就後退一點，再換個角度，一直鑽，一直鑽……終於鑽出來了！

我閃過坐在客廳的阿母，抱起廚房一臺舊式二十二吋電視機，從後門拚命地狂奔，一心只想找一個人──「水雞」。

我死賴著拜託他，苦苦哀求，總算換到一些毒品吸食後，才心滿意足地回家。

回到家，看到坐在客廳的阿母，早已經淚流滿面。

她邊哭邊罵：「到底是誰？到底是誰放你出去的？」

「我從鐵門下方的小門鑽出來的。」我一再地說明，但是阿母怎麼都不相信。

「你再鑽回去，讓我看看。」她要求我現場示範。

為了讓她相信，我只好和她一起上樓，準備再鑽進去一次；可是這次，無論我怎麼鑽，就是鑽不進去了……

幾次經驗下來，阿母變聰明了，也更狠心了，索性買來一個鎖頭，將鐵門下方的小門鎖住。

這下，我真的出不來了。

然而一段時間後，我身上的毒癮減輕，沒那麼痛苦了，阿母看我氣色比較好了，拗不過我的苦苦哀求，再次心軟地放我出來到客廳看電視。

而我身癮雖除，心癮難除，仍是乘阿母不注意時，溜出去偷別人的盆栽賣，拿了錢換了藥後無處可去，只好又回家，再被氣憤等待的阿母趕回鐵門內。

每次只要心癮一起，我就像變了一個人似的，千方百計無所不用其極，為的是要打一針。但是用完藥後，我感到極度懊悔、沮喪，覺得自己很沒用，更怕看到阿母傷心失望的表情。

每當阿母要趕我進鐵門時，我會羞愧地想：「關起來好了，把我關到死好了！」然後順從地走回鐵門內；但是過一陣子，毒癮再起，又是百般哀求阿母放我出來，一天到晚哀哀叫……相同的劇碼，每天重覆上演。

氣切

為了吸毒，我沒錢就偷東西，或向家人要錢，要不到錢就在房裏難受，有時難受到在地上打滾。

為了追藥、找藥，我常常心急地拿了別人的盆栽就走，低聲下氣地拜託花市老闆：「價錢隨便你開啦！拜託啦！」

價值好幾千元的盆栽，花市老闆只看一看我，再瞄一瞄桌子，示意我把盆栽放到桌子上，隨便丟個幾百元給我，就不理我了。

「謝謝！謝謝！」這些錢，足夠我買一針了。我連聲道謝後，迅速抓起鈔票、跳上機車，加足馬力往藥頭家的方向疾駛而去。

因為毒癮發作，我忽冷忽熱，皮膚像有萬蟲鑽咬。到了藥頭那裏，我一手交錢，一手拿藥，顧不得其他，連忙在附近找個隱密的樹林，躲進陰影處，就把針劑朝手臂上的血管打下去。

因為長期注射毒品，對於如何精準地找到血管，我已經相當熟練。海洛因粉需要用水混合，變成液體後才能施打。有時我急著施打，手邊沒有乾淨水源，即使是水溝的水，也拿起來用。在心急如焚、求毒若渴的當下，根本無法思考水源乾不乾淨，打下去會不會遭到細菌感染？

有時，拿到的藥比較純，有時比較不純；純的藥，作用會很大。這次打完藥後，毒癮暫時壓下去了，鑽咬皮膚的萬蟲也暫時消除了，但是，我好怕，好怕下一針不知在哪裏，立刻又要趕快再想，到哪裏去弄錢？

我想到在員林的沙發工廠，想去跟老闆借錢。於是騎上機車，以時速大約七十公里的速度往前衝。

這次施打的藥很純，作用很大，我邊騎邊吐，整個人昏沈、精神渙散，看不到前方的路。因為急著去借錢，我看著馬路邊的白線，沿著它騎，心想這樣應該不會有問題。

沒想到，白線上停著一輛拖吊車。我在完全沒有煞車下，直接撞上拖吊車後方的平臺，脖子不偏不倚地承受了所有衝擊的力道。

我倒了下來，機車繼續飛速地往左打橫，滑到一旁去，與地面摩擦的聲音，震隆刺耳。

那一瞬間，我還想從地上爬起來，但是頭一抬起來，便一陣昏天暗地地放棄了。

「好痛！」血，一直從我的脖子冒出來，溼溼的！

路人陸續圍觀過來，不停地喊著：「夭壽喔！夭壽喔！害啊！害啊！」

那一瞬間，我失去了意識。

發生車禍的同時，家裏來了一群警察等著抓我。突然間，警察攜帶的無線電傳出聲音——往員林的中山路上發生一起車禍，一位年輕男騎士，傷勢危急，請求支援！

「車禍啦！姓高，要來去忙了。」警察向我弟弟說

「姓高？會不會是阿良？」弟弟內心有點忐忑。

警察趕忙一查，果真是我！他們全部趕來員生醫院。

當我恢復意識時，人已經躺在急診室。「喉嚨好痛，全身都在痛……」我感受到脖子不停地腫脹，幾乎和臉一樣粗了。

「是撞有死嘸？撞死卡歸去啦！」大哥趕到了醫院，一踏進急診室便劈頭念著。

我閉著眼，裝睡，不想看到大哥那暴怒生氣的臉。

因為傷勢太嚴重，我隨即被轉送到彰化基督教醫院。路程中，我感覺空氣愈來愈稀薄，呼吸愈來愈困難，一抵達醫院，我死命地擠出一句：「醫師，我沒氣了。」就昏迷了過去。

等我醒來，嘴裏已插上管子，身上各種維生系統，緊緊地束縛著我。而後，我因毒癮發作而躁動不安，手腳也全被綁著。

脖子腫脹和大小腿骨折的痛楚，都還比不上毒癮發作，令我痛不欲生。

「這輩子就到這裏吧！生命就讓它結束吧！太痛苦了！」我緊閉著雙眼，難忍萬蟲鑽咬，希望生命能夠就此結束。

醫師對家人說：「要修補撞裂的氣管，必須馬上進行氣切。」

「如果不氣切，他將會很清醒地因缺氧而死亡，而且會很清楚地感受到逐漸缺氧的痛苦，然後死去。」醫師跟阿母低聲討論我的病情，聲音愈壓愈低……我雖然被插了管，全身動彈不得，但意識非常清醒！

而後，我被送進了開刀房……應該是阿母同意了醫師的建議，讓我接受氣切手術……

似睡非睡、似醒非醒，我躺在病床上，看見一道強烈的橘色光線，從高處投射下來。我全身沐浴在橘光裏，四肢身骸好像棉花一樣，柔軟放鬆。那光，好似有一股魔力，要把我吸進去，但又沒有吸，那麼舒服，我一點也不想抗拒。

突然間，在我左邊眉頭的上方，出現一個赤裸半透明的嬰兒，蜷曲的身子就像在子宮裏一樣；他身子泛著更深更亮的橘光，緩慢地從我視線的左邊飄呀飄的，飄到我右邊眉頭上方後，瞬間消失不見……

我頓然地醒了過來，覺得好冷好冷，手腳僵硬，嘴唇發顫，全身直打哆嗦。

睜開眼，我躺在恢復室裏，橘光消失了，強烈照著我的，是蒼白的醫療用烤燈；我氣息微弱地說著：「好冷！好冷！」

護理師聽到我的聲音，快步走了過來，幫我加了一件被子，做了一些檢測。

我感受到脖子被包紮得密密實實，插著管子，想要轉頭，卻被拉扯得好痛，只好再轉回來，直直地看著天花板，腦海裏盤旋著半夢半醒間看到的嬰兒影像。

不久，我被推到加護病房；一個多星期後，才換到普通病房。

這一場嚴重的車禍，幾乎要讓我失去生命，卻在家人不放棄，醫師積極地治療下，活了下來。

住安養院

在普通病房住了二十幾天，醫院告知健保房時間已到，得先出院再評估，才能再住院。

氣切病患很難照顧，我又因吸毒、抽菸，導致肺部感染，痰液常從氣切口溢出，必須一直抽痰。

抽痰，是把整支吸管，直直地伸到肺部，一直抽拉、抽拉，連同肺部的氧氣也會被吸走，相當痛苦。家裏沒有抽痰設施，用租的，阿母不會用，哥哥、姊姊、弟弟氣都氣死了，怎麼可能照顧我；於是，阿母決定把我送去安養中心。

「我在員林幫你找到一間環境不錯的，你好好去那邊靜養，以後再重新來過，家裏我會幫忙照顧。」姊姊四處尋覓後，找到位於員林的良成護理之家。

護理之家的呼吸照護病房，院友全是些老年重症病患，只有我最年輕。

病房裏有六個床位，我躺在最角落，半夜經常聽到阿公、阿嬤的吐血聲；有些家屬以為長輩們沒知覺、聽不到，當場告訴醫護人員，如果「怎麼樣了」，再送回家。

「那些阿公、阿嬤好像被帶來等死的。」不到一個月的時間，我已經看了好幾例為病人做急救處理，也看到一些人被推出去後，沒有再回來。

「我原是好手好腳的人，怎麼會來跟阿公、阿嬤住在一起？」

這段期間，護理之家會用車子載我到醫院做復健；我的腳傷逐漸恢復，進而可以扶著床沿或牆沿走。休息室有部四十二吋的電視，常常只有我一個人看。

住在護理之家時，只有阿母會來看我。

「那麼常去看他做什麼？」哥哥、弟弟很少載阿母來，夏日炎炎，阿母就自己騎機車，載著整箱的營養品，從永靖騎到員林來看我；日後，姊姊也會來，但姊夫總是在外面等，不想進來。

姊姊雖然常叫警察、檢察官收押我，到最後，她和阿母一樣，還是最關心我的人。

無法進食

住在護理之家，我除了要抵抗身體的痛楚，還要抵抗毒癮發作的痛苦，但動彈不得的我，也莫可奈何，毒癮、菸癮因而漸漸斷除。以前的我，渾渾噩噩地受業力牽引，眼睛睜開就是想方設法弄錢、找藥，一旦身心靈有沈靜下來的時候，我才開始思考，未來的人生該怎麼走？

「我的人生，不能再重來了！毒品，就到此為止了！」這年我三十二歲，脖子氣切，裝著鼻胃管，無法進食，還有兩年七個月的徒刑要去執行。

「還是要去面對司法的判決。」我認真做復健，也定期到彰化基督教醫院回診，兩個半月後，醫師判定我可以自行呼吸，氣切管子可以拔除了。

「一個東西裝在喉嚨上，怎麼拔？拔出來時會不會血噴出來？那有個洞怎麼辦？」我有些許擔憂。

在沒有麻醉情況下，醫師輕輕地把管子拔了，再用個棉花壓著，貼上膠帶；日久，因為肌肉的再生能力，傷口自動密合了。

然而，氣切管子拔除後，還有鼻胃管。我因吞嚥功能喪失，吃東西不是吐出來，就是嗆到肺部，常常因肺炎發燒，又會被送進醫院。

醫師告誡我：「你不要再吃了，不要再試了。你去做復健吧！若是沒有好，你終生都要靠鼻胃管了。」

好不容易氣切拔了，卻要背著一個鼻胃管，不能像別人一樣吃任何東西，沒有滋味，沒有冰熱的感覺……「我這一輩子完了！」

身體漸漸痊癒後，我可以自己灌食，還能幫忙照顧同病房的阿公、阿嬤，在他們有狀況時幫忙按鈕，呼叫醫護人員。

這年中秋節，家人幫我向護理之家請假，回到家裏團圓。

家人聚集在屋後烤肉，歡享佳節氣氛，我坐在前面客廳，聞著燒烤香氣，陣陣撲鼻而來。

「整群人吃得那麼快樂，我卻沒辦法吃，請假回家，卻只能坐在客廳看電視……」我愈想愈不甘心，「為什麼這麼年輕就什麼東西都不能吃？人生該怎麼過？」

「我決定再跟它拚搏一次，就算肺炎發燒送醫，也在所不惜！」我倔強的脾氣上來了，起身裝了杯溫開水，直接將水灌進嘴裏。

「咳！咳咳咳……」我嗆到再灌，再灌再嗆，不斷重複……眼淚直流。

忽然間，一股熱流，流進了肚子裏。

「有一點點感覺下去了……」我繼續試，大口大口地試，胃有了反應，咕了一下，「哇！真的耶！」

「我真的吃下去了！」我感動得快哭了，趕快跑到屋後喊阿母，「吃了！吃了！」

「真的還假的？你是怎麼吃的？」阿母有點懷疑，我當面喝水給她看。

「還真的吃下去了。」阿母趕緊到廚房煮了碗白粥，讓我慢慢地吃下去。

「原來可以讓嘴巴發揮功能，多好啊！」將近三個月沒有進食，我終於能夠再體驗從嘴巴進食的感覺。

我到醫院回診，醫師略帶高興的語氣對我說：「這是奇蹟！」

「你喔！這條命是撿到的。」

我想到阿爸曾經在家裏安奉的觀世音菩薩像，「是菩薩讓我重生的。」又想到在恢復室時看到的嬰兒，當下，彷彿三十二歲前的我已死去，從今而後的我，是新生命的開始。

尋找對的路

經歷阿爸往生的悲痛，我並沒有從中學到教訓，直到發生嚴重車禍，生命受到無常威脅，才懂得思索人生中的對與錯。

從安養院回家後，我很安分守己地在家靜養，幫阿母栽種九重葛，也靜心等待入監服刑。

不到一個月，入監服刑日期的通知來了，我決定面對司法判決，再次拄著枴杖、步履蹣跚地到彰化監獄報到。

昔日服刑前，我會先打一針，渾渾噩噩地走進監獄；這次，我非常清醒地進來。獨自在新收房裏靜坐，反覆思考：「什麼是人生的意義？什麼是生命的價值？生、老、病、死是每個人生命的過程，而我的過程呢？難道只有毒品嗎？」

這是我第一次懂得檢討自己，第一次有想改變自己的念頭。

改變需要勇氣，也需要方向和指引，我內心徬徨不安，不知該如何著手？

我漫無目的地閱讀獄方所有書籍，不論佛光山星雲法師，或是法鼓山聖嚴法師、淨土宗淨空法師等，已記不清讀了多少，固執地只想從中找到答案。

直到，《慈濟》月刊的出現……有一期，談到成立慈濟的因緣，也描述證嚴法師從小就非常乖巧、孝順，最敬愛自己的父親。

面對父親突然往生，法師體會到生命無常，想找尋人往生後會投身何處的答案，以及誦讀《梁皇寶懺》回向給父親的情景，也因此讓我對《梁皇寶懺》產生了好奇。

「我心裏的結，跟法師的結一樣，阿爸往生了，他到底去哪裏了？人生的無常，到底要怎樣去結束？」

我很想有一本《梁皇寶懺》，但是監獄裏沒有。

舍房裏有個同學，他家人常常到獄所探視，太太也常幫他寄書，我乘此機會拜託，請他家人幫忙寄一本《梁皇寶懺》。

他真的請家人寄來一本。我欣喜若狂，小心翼翼翻開，模仿證嚴法師，每天一小段一小段地拜懺，再回向給阿爸。

每天晚上九點打開收音機，可以聽到證嚴法師講解《慈悲三昧水懺——法譬如水》，若當日有公務無法收聽，隔天清晨五點半，我一定堅持起來收聽。

就這樣，一次又一次，不斷重複地拜懺、收聽廣播，我愈來愈清楚明白「因緣果報」的意涵，也了解因果循環的可怕，唯有發露懺悔，才能勇於面對。

我也了解，一個人會造業，是從自己的身、口、意而起，心念沒有守好就是沒有持戒，就會不明是非、胡作非為，造就惡業。

過去的我，從不知道錯誤，更不懂得悔改，一再地傷害家人，而我摧殘自己的身體，最終得到了什麼？一切的一切，都使別人對我避之唯恐不及罷了……

「高肇良！你錯了！」我哽咽地告訴自己。

我在拜懺中找過錯，在聽經中提醒過錯，是佛法說的因緣到了嗎？還是因為雙倍的藥效？過去那個天怒人怨的高肇良，因為法水滌蕩，一點一點地蛻變了嗎？

每天晚上回到舍房後，有同學拿起報紙閱讀，有同學開始畫畫，有同學戴上耳機聽音樂，我則先拜上一段《梁皇寶懺》，再看《慈悲三昧水懺》、《藥師經》、《金剛經》，而後增加《父母恩重難報經》。

《藥師經》：「第十大願：願我來世得菩提時，若諸有情，王法所錄，繩縛鞭撻，繫閉牢獄，或當刑戮，及餘無量災難凌辱，悲愁煎逼，身心受苦。若聞我名，以我福德威神力故，皆得解脫一切憂苦。」

身處囹圄、枷鎖束縛的那種苦，藥師如來祂了解、也願意救拔。聆聽證嚴法師講解經文，總能讓我的心瞬間沈靜，用平靜的心反省自己的過去，思考自己的未來，就這樣，一次又一次，我了解了人生的意義和價值。

人生的道路，是要靠自己去走出來，要用心、用愛去耕耘的，一旦明白這個道理，找到對的方向，還要發心立願、勇往直前，投入社會公益，無條件地付出……

由於宗教信仰和依靠，我的心愈來愈踏實，也暗自發願，並公開地跟同學們說：「我出去後要做慈濟，然後以志工身分回來彰化監獄！」

他們一臉狐疑，質問我：「你瘋了嗎？」

我不反駁，也不辯解，因為我知道自己在做什麼！久而久之，同學變成默默支持我，開始改口喊我「高師兄！」

振翅而飛

監獄是個封閉又毫無生氣的地方，但彰化監獄占地寬廣、視野遼闊，庭院裏草木扶疏、鳥語花香，又因位處甘蔗園中央，不論春、夏、秋、冬，總會吸引一些鴿子飛來，在舍房外的小窗臺上築巢。

為了增加一點生活中的樂趣，同學們私下養著一些奇奇怪怪的寵物，有人養蜘蛛，有人養蒼蠅，有人養鴿子。

然而，每隻鴿子的造化不同。有些鴿子能夠得到照顧，有些鴿子下的蛋，會被拿來加進煮好的泡麵裏。雖然只是小小一顆蛋，在監獄裏可是難得的高檔好菜。

這天，舍房外的窗臺，傳來一陣咕嚕、咕嚕的叫聲，我們躡手躡腳走近窗戶，伸長脖子，看到一對鴿子停在眼前。只見公鴿子徘徊在母鴿子身旁，不停地獻殷勤，將羽毛鼓脹起來，吸引母鴿子的注意。

求偶成功後，兩隻鴿子共同築巢，不久就生下了蛋。牠們耐心孵化鳥窩裏的蛋，過一陣子，一丁點大的雛鳥，開始費時賣力地啄破蛋殼，出現在鳥巢裏，小巧的模樣，煞是可愛。

沈悶的生活裏，能看到新生命的誕生，我們都感到不可思議，也為平淡無奇的生活，注入一股生機。

同學們每天都會留下一些飯粒，餵養這些小鴿子。一回到舍房，就趕快依偎在窗前看著；一群魁梧的大男人，好像也養出了一顆細緻溫暖的慈悲心。

漸漸的，小鴿子羽翼豐實，開始努力學習如何振動生硬的翅膀。只見牠不斷失敗，又不斷重來，我們待在一旁握緊拳頭、屏息以待，心裏不斷為牠們吶喊、加油，希望牠們不要眷戀這座冷硬的建築物，快快展翅，飛向湛藍的天空，享受自由。

再過一陣時日，我們看著一手養大的鴿子小試身手，成功跨越了彰化監獄的高牆，展翅飛翔而去，所有人的心彷彿也隨著牠們穿出了囹圄。

大自然的巧手，將白雲織成薄如蟬翼的羽衣，披滿半個天空，在陽光的照射下，襯出一片耀眼金黃。我們仰著頭，看著鴿子的身影愈飛愈高、愈飛愈遠，直到變成一個、一個點點，消失在美麗如畫的天際，不禁一陣歡呼。

當我將眼光從遠方拉回到舍房的那一瞬間，內心感到失落與孤單。養了那麼久的鴿子，就這樣離開了我們，此時此刻，不知牠們會不會想念這些曾經餵養牠們長大的人？

我想起阿母與家人，想著阿爸與阿母胼手胝足撐起一個家，想起自己何時才能在他們的期待下，昂首展翅，飛向天際……

阿呆染愛滋

一次因為感冒不舒服，寫了報告上呈主管，希望能獲准到衛生科看病、拿藥。

當天下午兩點左右，主管集合了十來位申請看病的同學，一同前往。

穿越風雨走廊時，忽然聽見有人喊：「高中、高中耶！」我轉頭一看，納悶著：「是誰啊！怎麼會知道我國中時期的外號？」

「是我啦！阿呆啦！」眼前這一幕，令我驚嚇，阿呆坐在輪椅上，兩眼空洞無神，直對著我說：「高中，我會死啦！我會死啦！」

以前，我們兩人常玩在一起、結伴同行，打打鬧鬧地邊走邊開對方玩笑，還一起去買毒品，一起注射毒品。

我不動聲色地退到阿呆旁邊，低聲拜託幫忙推輪椅的同學，「讓我來推！」

在監獄，收容人是沒有任何自由可言，如果在主管戒護下被發現交談或聊天，會被記違規或關到考核房，加以警惕，並且無法再回到原本學習技能的工場。

我推著阿呆，邊走邊在他耳邊小聲地說：「逗陣ㄟ！嘸那麼衰啦！就算照輪，也輪不到你。」

「你不知影啦！我因為注射毒品感染了愛滋病，最近感覺愈來愈虛弱，知道快要死了！」阿呆的聲音虛弱、無力，突顯出他的害怕與無助。

驟然面對這狀況，我腦筋一片空白，反覆思索著哪句話才能對阿呆有所幫助，卻是不知所措地只好重複跟他說：「不要想這麼多！就算排隊也還輪不到你。」

「我最清楚自己的狀況了！你不用再安慰我了。」阿呆突如其來的這句話，讓我除了不捨，更是難過。

回首那段年少輕狂、荒謬不堪的日子，我們一起做過的事，一起打架，一起買毒品，一起吸毒，一起注射，一起共用針頭……何其幸運，我沒有被感染；時間對阿呆而言，卻只剩無止境的折磨。

想到這裏，我的心好痛、好痛。此刻我們都身陷囹圄，在這個凡事講求紀律與規則的地方，事事只能自求多福。

我推著阿呆到達衛生科，不得不分離，只好再次低頭對他說：「作伙耶！你一定要堅強，要用走的離開彰化監獄。我這次出去之後，要當個乖孩子了；我們兩個一起重新當個乖孩子，你不會死，你一定要回來！」

離開衛生科後，我們回到了舍房，阿呆則被安排到專門收容愛滋病患的專舍；從此，我未有機會再看到他。

阿呆用他的生命提醒我，只有回頭，才有機會創造全新的自己。

那句用來安慰阿呆的話，變成我對阿呆的承諾，變成了扭轉我人生的一句話，「我要當個乖孩子」。

戒菸

那場嚴重車禍氣切期間，我沒有機會碰菸、碰毒，之後也下定決心戒菸、戒毒。

監獄有固定時間解除菸禁，只要主管口令一下，近兩百個同學擠進水房打鼓（抽菸），往往只剩我一個人坐在外面的座位上，等待休息時間結束。

「肇良，來呷一支，嘸人會看到啦！」同學知道我已戒菸，覺得不可思議，常故意拿菸在我面前揮舞、試探，「呷一支嘸要緊啦！」

「我不抽了！」見我拒絕，同學提高音量繼續問：「講真的還是講假的，有影嘸？」

當大家都進到水房，我的舉動在同學眼中顯得特立獨行與格格不入。每回到了這個時間，我的意志力總要不斷地接受考驗。無論別人怎麼引誘還是冷嘲熱諷，我提醒自己要堅守立下的戒條——「想要戒毒，一定要先戒菸！」

同學不死心，又拿菸給我：「來啦！呷一支，不會怎樣啦！」

「你麥甲伊招啦！伊這次是真正要改。」另一個同學看見我的決心，幫我擋著。

我也曾被主管懷疑，不斷注意我的動向，是否偷偷跑進水房，「我觀察伊很久了，我看肇良這次是真的要改了。」協助喊抽菸口令的同學跟主管說。

獄中規定，收容人每天最多只能買十支菸，菸癮較大的同學，會想方設法得到更多的菸。

「肇良，幫我買菸好不好？」有人拿日用品交換我幫他們買菸，也有人拿一斤四、五百塊的茶葉找我，只為能換到一、兩包菸。

我發現戒菸可以省下好多錢，持續一段時間不抽菸後，身體明顯變好，思路也變得愈來愈清晰，我再次告訴自己：「戒毒，一定要從戒菸開始！」

自製紙鍵盤

為了讓收容人在獄中的生活更有目標、更充實，出獄後能有更多自力更生的機會，監所不只設立了名聞遐邇的優人神鼓打擊樂團，還有國樂班、電腦班、竹琴班……等不同的技訓課程，提供收容人報名學習。

聽聞要報名電腦班的同學說：「上完課程的人必須在結業前，通過每分鐘一百個字以上的打字測驗，才能獲頒結業證書。」沒有任何電腦基礎的我，相當心動，也跟著遞出了申請表。

因為有人數限制，從公布的學員名單中，可以發現主管往往挑選年紀比較輕的同學去上課。

每一期課程半年，我連續報名三次，全都石沈大海。個性好強的我躺在床上，感到胸口陣陣的鬱悶與失落。窄小擁擠的舍房裏，我盯著早已呼呼大睡的同學們，卻毫無睡意，清晰感受著自我的嘆息。

想著年少輕狂時，我有書可念卻不好好念，現在想要學電腦，卻受到種種限制。「我不信沒加入電腦班，就什麼都學不會。」我絕對不能輕易被擊敗。

幾天後，我寫了一封信回家，希望家人能寄一本《無蝦米輸入法》的書，讓我自學。

收信時間，雜役一一喊著收信人的號碼……「1471 ！」終於叫到我了。

我趕緊上前，接受雜役遞過來的包裹，打開一看，果然是我朝思暮想的《無蝦米輸入法》。姊姊知道我的處境和願望後，趕緊去書局買了書，寄了過來；此刻的我，心中充滿無限溫暖與感激。

我趕緊打開內頁開始研讀，但是厚厚的一本，沒有實體電腦的輔助，對我而言就像在看「無字天書」一樣，簡直摸不著頭緒。

我求助一個在電腦班擔任助教的同學，「到底要怎麼學比較快？你可以教我沒有電腦要怎麼學嗎？」

同學鼓勵我：「從背字根表開始。如果你背得起來，等日後熟悉電腦，一定很快就能學會打字。」

「背字根表？原來不用去上電腦班，也可以學打字。」我拿來一塊厚厚的紙板，打開書，查到了鍵盤的對照圖和指法，拿起筆在紙板上依照對應的位置畫方格，再一一填入1234567890、ABCD……花了好一會兒功夫，終於畫好約是一比一大小的紙鍵盤。

望著自製的紙鍵盤，我心中甚是得意，彷彿也看到了希望。打開書，我端正坐著，如同真的有電腦在我面前一樣，煞有介事地練習了起來。

「你是頭殼壞去喔？」一個同學忽然從背後狠狠地拍了我的腦袋，「你這是打有字還是打嘸字？」

「你是闊到秀逗去喔？」又有同學忍不住對我訕笑。

不過，也有同學看到我憨學的模樣，鼓勵我：「肇良，加油喔！練這個不錯，以後出社會一定有前途。」

當自己真心想學某一樣東西時，銅牆鐵壁也擋不住；我每天勤練，直到同學說出某一個字，我就能馬上說出無蝦米輸入法字根拆解出來的英文字母。這樣的成果，讓同學們都對我刮目相看。

「這是最後一次待在監獄裏了，走出去之後，絕不再回頭。」就寢前，我翻《慈濟》月刊和《經典》雜誌，《金剛經》、《藥師經》、《父母恩重難報經》和《梁皇寶懺》裏，已經布滿我每天讀經抄寫的筆跡……

已經提報假釋了，我問自己：「高肇良，你準備好了嗎？」

思緒翻轉的當下，我再度抽出壓在書底下的紙板鍵盤，翻開其中一本經書，再度練起了無蝦米輸入法。

尋找機會

等待釋放的日子，轉眼即將到來。

這天的放封時間，我抬起頭仰望水藍色的天幕，幾朵白雲輕輕地飄遊，短暫停留在這囹圄的上空，然而沒多久，白雲就被涼風送到了牆外……

我細細端詳，直到眼睛再也追不到的距離，感受到自己平靜身軀裏的強烈心跳，因為再過不久，我就會像那白雲一樣，離開這冷硬的城牆。

「到底要何去何從？離出獄的時間愈來愈近了。」熬過兩年三個月的刑期後，我在心底問自己、也告訴自己：「應該要把握良能，進入慈濟做些有意義的事。」

自從接觸《慈濟》月刊後，我開始不斷地找尋慈濟的書來看，負責文書的同學知道我喜歡看《慈濟》月刊，總在一收到，就直接拿來給我。

這天，一樣的休息時間，我拿起架上的一本書，逐字品讀，一股能量恰似溪澗裏冰涼的水，輕撫著我浮躁的心，合起書本仔細一看，出現了「慈濟」兩個字。

它是慈濟出版的道侶叢書《在藍天的懷裏，甦醒》，裏頭一篇故事深深吸引著我，讓我放慢了閱讀的速度，反覆讀著，一遍又一遍。

從小品學兼優的蔡天勝，中學時期因為朋友的慫恿接觸到安非他命，原本只是好奇心驅使，沒想到因此上癮而沈迷，人生從此墜入黑暗深淵，他不斷吸毒、販毒，最終被捕入獄，遭判無期徒刑。

入監服刑的他，因為擔心被判重刑，堅決不認罪。一次因緣驅使，隨手拿起獄警給他的《了凡四訓》，讀到了何謂「行善積德」，再從《慈濟》月刊讀到「靜思語」，手指滑過一列列簡單的字句，發現其中隱藏著深刻的啟示。

蔡天勝問自己：「這麼簡單的道理，為什麼我做不到？」

決心懺悔的他，向檢察官認罪，最後改判八年有期徒刑，服刑六年後，獲得假釋出獄，並且加入慈濟做志工，陪伴許多更生人走向光明大道。

拿著《在藍天的懷裏，甦醒》這本書，我的手微微顫動著。蔡天勝的故事像一面鏡子，讓我隱約看到似曾相識的自己，內心十分悸動，腦海裏瞬間譜出一張嶄新的人生藍圖，「既然我已經發願要做慈濟，就要找一個可以讓我更了解慈濟的人。蔡天勝和我有相同的背景，相信這一定是最好、也是最適合我的機會。」

我拿著這本書，在工場裏四處問：「你們有誰認識住在永靖或員林的慈濟師兄、師姊？」

同學阿坤說：「我阿母就是員林慈濟的委員啊！」

「真的嗎？可以介紹你阿母與我認識嗎？」我心想，要加入慈濟要有人帶，如果是住家附近的人，就方便多了。「你知道嗎？我最近看了一本慈濟的書，裏頭提到一位志工叫蔡天勝，跟我們一樣也是更生人。」

「蔡天勝？」阿坤說：「沒錯！他是慈濟人。」

「那可以請你媽媽介紹我認識蔡天勝嗎？」

「你想認識蔡師兄喔！我也認識他啊！」阿坤說，蔡天勝經常跟他通信。

我驚喜若狂，怯懦地問：「那你可以先寫信告訴他，說我想認識他，可以寫信給他嗎？」

阿坤說：「好啊！沒問題。」

不久，蔡天勝回了信，表示「非常歡迎！」

我高興地拿起了筆，用藍色筆墨在白色信紙上，慢慢刻劃出不一樣的人生印記。

「蔡師兄，您好！我是高肇良，目前在彰化監獄服刑。我未婚，不抽菸、不喝酒，剩下兩個月就會出獄。出獄後，我想做慈濟，付出自己的良能，不知道您覺得可行嗎？」

簡短的信件隱藏著我忐忑的心情。

不久，蔡天勝回信了，信中的字句映入眼簾，「做慈濟是有心人的參與，不是有錢人的權利。」

我懷著半信半疑的心，寫了第二封信。

「蔡師兄，在還沒寫信給你之前，我就發願要進慈濟當志工，再過不久我就要出獄了，希望到時候您可以引薦我做慈濟，也期待我們還可以保持聯絡。」

發誓不再回籠

我每天都期待著能夠趕快獲准出獄，以洗心革面、改過向善。每當送公文的主管踏進十二工場，我總是殷殷期盼雜役能大聲喊一聲：「1471，東西整理一下，今天準備假釋出獄回家。」

但我一再希望落空，每天抱著既期待又怕受傷害的心，期待著那天的來臨。

「1471，東西整理一下，今天假釋出獄。」這天終於來臨，我拿到了釋放條。

監獄裏的習俗，出獄時一定要換上新的內衣和內褲，不然很容易再回籠。

我拿著全新的換洗衣物，進到水房準備沖洗，一群大哥、小弟全跑過來圍著祝賀我，「肇良，恭喜、恭喜！出去免歡喜，再進來就是新古力。」

關了好幾年的收容人，因為回籠率實在太高了，日後如果再入獄，又要從「新收房」開始，所以要出獄時，常常會這樣被大家揶揄。

我進到了水房，打開水龍頭，領受水流從頭頂直瀉而下，身心無比暢快，再看腳下的水，集結成小小的漩渦，流進了排水孔……

「曾經身陷毒海漩渦的我，再見了！」我知道這一次，我絕不會再回籠。

從監獄工場被帶到中央臺時，認識的主管一一祝福我們，不認識的主管也不忘叮嚀：「出去，就不要再回來了。」

踏出中央臺，辦理既定的手續，從主管手中領了兩年累積不到兩千塊錢的勞作基金，再跟隨著主管，穿過一道一道的門，最後踏出彰化監獄的大門。

同一天出獄的人，為了分擔車資，會選擇搭同一輛計程車離開。

這天，我看到一些吸毒入獄的同學，還沒離開監獄就開始邀約：

「我們把勞作金湊一湊，等一下做夥坐車去藥頭那裏拿藥。」

我聽了心裏好難過，自己攔了一輛計程車；上車前，我脫下腳上的藍白拖鞋，轉過身，往監獄的牆內奮力丟去……

「我不會再回來！」雖然在這之前，我早已經不知往監獄的高牆裏丟過幾雙藍白拖……

不可置信

搭上計程車回家途中，我雀躍著即將見到最掛念的家人，看著既熟悉又陌生的街道，享受著自由的空氣，難掩內心洶湧澎湃，夾雜著些許近鄉情怯的心情。

每一回出獄，阿母總會事先在門口等著，拿著小火爐燃上一些金紙，先在口中念念有詞，再喚我跨越火爐，代表去除以往的霉運後，才可進入家裏。然後，她會領我到餐桌前，那裏總是擺著一碗她親手煮的豬腳麵線，期許我吃完這碗麵線，能夠立即脫胎換骨。

然而，我回報她的，卻是一次次出獄再入獄，一次次讓她傷心又失望……

計程車停妥後，我加快腳步趨近家門，只見門裏、門外空蕩蕩的，阿母不在，也沒有往常那些準備幫我去霉運的儀式，我心裏感到些許失落，但更多的是對家人的虧欠。

不久，阿母回來了。「你呷飽沒？」她淡淡地問。

「還沒。」我回答。

阿母沒多說話，轉身走進廚房，開始忙了起來。我坐在餐桌前，看著阿母的背影，似乎又比以往多了更多的滄桑。

想到我讓家人擔心受怕那麼多年，不禁鼻頭一酸，水龍頭漱漱的水聲，像極我心底懺悔的淚水。

阿母將簡單的飯菜端到我面前，喚著：「緊呷！」

我對她說：「阿母，失禮！」

阿母看著我，眼底深深的悲傷，透露著她對我的擔憂——「這次不知道可以撐多久？」「不知道過多久，又要被抓進去關了。」

我清楚家人對我的不信任，是自己日積月累造成的「因」，才結成這樣的「果」，我沒有怨言，也自知一定要努力改變，才能讓家人重拾信心。

「阿母，我這次在監獄裏讀了很多慈濟的書，也發願出來後要做慈濟志工。」

阿母轉過身看著我，不可置信地說：「這款代誌甘有可能？」

「我認識臺中一個慈濟的師兄，叫做蔡天勝；阿母，你讓我去臺中找他好不好？」

「你若歡喜就好。」阿母輕淡地回著，像一盆冰涼的水，直接從我頭上淋了下來。我心頭一涼，能理解被我傷害至深的阿母，為何會失去信心。

只要有心

我回來了！再度回到永靖高厝。

純樸的鄉村，六月的蟬鳴呼應著盛夏季節，幾個老人家圍聚在三合院裏閒話家常，小孫子們在一旁開心地嬉戲著。

出獄後隔天，我就打電話給蔡天勝師兄，他在電話那頭回我：「今天剛好是精進日，結束後我們一起去你家。」

我與他們約在一家店前。時間到時，我騎摩托車從家裏出來，在那家店前見到了蔡天勝、陳朝勇、張志吉、張明智師兄，以及蕭麗華師姊。

我微笑看著他們，也忍不住打量他們身上的衣服，內心浮現疑問：「蔡師兄不是說，做慈濟是有心人的參與，不是有錢人的權利，怎麼他們又是西裝領帶、又是旗袍，看起來個個都像是有錢人？」

「我什麼都沒有，有辦法加入慈濟嗎？」

「你要加入慈濟很簡單，有心就好了。星期六永靖環保站有拜經，你既然有心就來。」陳朝勇師兄彷彿在試探我。

隔沒幾天就是星期六，我依約到了永靖環保站。陳朝勇師兄還沒到，我不曾在道場拜經，看到女眾那邊人較多，要學較快，便加入她們。一位女眾看到了，把我叫到旁邊，說我站錯邊了。

我再次入列到男眾那邊，笨手笨腳地跟著拜到滿身大汗，這時陳朝勇師兄來了，他又試探性地問我：「星期日要去三義茶園出坡，一起來。」

隔天，我穿著布鞋，跟著他們去苗栗。

我想知道慈濟人對更生人的態度，故意告訴其他志工：「我才剛關回來。」

「你就好好地用心做，咱攏同款啦！只要有心，其他都沒要緊，不要想太多。」陳朝勇師兄誠懇地回我，讓我初初領會慈濟人的心寬念純。

一日，蔡天勝師兄邀我到臺中參加「七月吉祥月」活動，身無分文的我，厚著臉皮問阿母：「你可不可以給我兩百塊錢？」

「你要兩百塊錢做啥米？」阿母立即警戒性地提高了音量。

「我想去臺中找蔡師兄參加慈濟的活動，你可以讓我去嗎？」我輕聲回答。

阿母心不甘、情不願地把手伸進口袋，找啊找後，遞給我兩張皺成一團的百元紙鈔。「拿去吧！」她說。

「那我要去臺中了喔！你怎麼敢把兩百元給我？」我好奇地問。

「講那個沒效啦！只有兩百元，你也搞不出什麼花樣，要去，就快去吧！」

我再次感受到阿母的語調裏充滿了不信任，因此更加堅定要改變的決心。

搭火車到了臺中的太原火車站，卻遍尋不著蔡天勝師兄的身影。

「奇怪，他不是說要來載我嗎？」我呆站在高樓林立、車水馬龍的路旁，再度起了疑問：「我現在沒有錢，而慈濟人都穿得西裝筆挺的，我是有法度嘸？」

念頭剛閃過，一個騎著五十西西摩托車的人，喊著我的名字：「肇良，我在這裏。」

我向聲音的來處望去，只見到一個身穿背心、短褲，腳踩藍白拖鞋的人；朝著半掩在安全帽底下的臉龐仔細一看，「啊！原來是蔡天勝師兄。」

我定過神，「怎麼變成這樣？原本不是西裝筆挺的嗎？」

我才坐上摩托車的後座，他便說：「肇良，歹勢、歹勢，剛剛我和阿修一起經營的素食店裏正忙，有人叫外送，所以遲到了，歹勢、歹勢！」

他頻頻向身後的我道歉，讓我不好意思了起來。

「是我麻煩他來接我，怎麼他還這麼客氣？」也才明白，原來蔡師兄也是努力工作著，經手每個客人訂的便當；不論晴天、雨天都得辛苦地外送，賺著每一分錢。

我想起他說過的那句話：「做慈濟是有心人的參與，不是有錢人的權利。」心，豁然開朗起來。

找工作

參加慈濟的「七月吉祥月」活動後，我決定到臺中找工作，安住下來。

還沒找到工作前，我先到蔡天勝師兄經營的十方素食店，幫忙擺擺碗筷、洗洗碗等，在那裏，我感受到團隊合和的美，完全不同於監獄的磁場，使我的心很安定。

「我以前是做沙發的，所以會找做沙發的工作。」我向蔡天勝師兄表明心意，並認真翻閱報紙、搜尋網路，設定了幾家沙發工廠。

一日，蔡師兄載我到位於西屯的呂源和師兄家泡茶。聊天之餘，我同步打電話到沙發工廠詢問工作機會。陸續幾家都沒下文，直到某一家說他們雖沒缺工，但在大肚山上有一家缺工，介紹我過去試試。

我趕快拿起電話打過去。「喂！您好！請問你們是不是在找沙發師傅呢？」

「對呀！你會做沙發嗎？不知道你做多久了？」老闆娘問。

我心虛地回答：「沒多久啦！大概十多年。」

我刻意隱瞞這一、二十年間，有不少日子是在監獄裏度過。十多年的工作資歷，是我過去在大大小小的沙發工廠任職所累積而來。

想到幾乎每家老闆都被我借過錢，腦海裏閃過那荒唐不可言喻的過往，心跳漸漸加速。此時的我別無多求，暗自祈禱著：「拜託！只求能讓我趕快找到一份工作，在臺中安住下來，繼續做慈濟。」

「更生人」這三個字已經成為我這一生難以拋棄的包袱，在與老闆娘的對話中，我遲遲不敢坦白說明自己剛從監獄出來。

「你做過沙發，還做過這麼多年，我們剛好欠一個沙發師傅，你有空嗎？你過來看看好不好？」老闆娘在電話那頭問著。

我馬上將話筒緊緊夾在肩膀上，雙手拿起身旁的紙筆抄下了地址。掛上電話後，便向兩位師兄告辭，依著地址尋找大肚山遊園路上的沙發工廠。

然而出現在眼前的，是一家很不起眼、大約百坪空間的鐵皮屋。走進一看，廠房裏物品散亂，只看到三個成員——老闆、老闆娘和一名負責針車的小姐。

「頭家娘你好，我是來應徵沙發師傅的。」我客氣地自我介紹。老闆娘從頭到腳打量著我，「少年仔，你看起來沒幾歲？」

「對呀！我之前在彰化做沙發，不知道有沒有機會來這裏上班。」

「阮是有欠沙發師傅啦！」老闆娘看到我的年紀，免不了質疑：「看你這麼少年，不知道功夫到哪裏？」

服刑兩年半，手藝肯定變生澀，我誠懇地對老闆娘說：「你可以讓我試試看，看看我的手藝是不是能達到你們的要求？」

「你從彰化來？那你有地方住嗎？」老闆娘關心地問。

「嘸咧！」我抓著頭，感到很不好意思。

「這樣喔！沒關係。不然你先來上班，我們再想辦法整理一個房間讓你住。」

結束後，我搭火車回到彰化。

「阿母，我在臺中找到頭路啊！我想要去臺中住好嘸？」我迫不及待地向正在忙家事的阿母說。

她安靜聽著，表情沒有太大的起伏和變化。我感受到阿母其實很為我高興，卻也因不知道我能撐多久而感到擔憂。

阿母請機車行的人將我撞壞的摩托車整理、整理，好讓我當作代步工具。臨行前，拿了三千元塞進我的手心，「哪！這三千塊錢先拿去，應該夠你生活一個月。好好地去打拚，從今以後，不要再回家拿錢了！」

我握著三千塊，手裏感受到阿母所傳遞的溫暖，彷彿一劑強心針注入，我知道，這是阿母對我的關懷和勉勵。

吃苦耐勞

我騎上摩托車，往北出發。同樣一輛車，不同的是，這一回，車子的主人掌握住了人生正確的方向。

到大肚山上的沙發工廠報到後，一分鐘都不敢懈怠便趕緊動工，老闆看到了，肯定地對我說：「你功夫不錯，可以馬上上班。」

老闆娘也附和道：「師傅，那麼你就留下來工作吧！」

我有兩年多未曾做沙發，手藝難免變得生疏，一整天工作下來，手腳出現了一些或大或小的傷口。

下班時間，老闆娘走了過來，「師傅啊！我甲你講一下，真正歹勢，我本來答應要整理一間房間給你住，但是現在沒法度，不然咱委屈一點，暫時先住在工廠好嘸？」

我環顧四周雜亂的環境：「我是要睏置叨位？」

老闆娘從角落拖出一張折疊藤椅：「師傅，咱這工廠也沒啥米比較舒適的所在；不然，你今晚暫時先睡藤椅好嗎？」

我看著這張破舊的藤椅，心裏相當難過，胡思亂想了起來：「是不是她看我太久沒做沙發，手藝比較生疏，所以故意刁難我；還是她看我是更生人，不想用我，又不好意思直接開除我。」

「不對！不對！她不知道我是更生人。」我深度感到挫折。

老闆和老闆娘離開後，工廠鐵門緩緩降下。漆黑的空間裏，只剩我一個人孤單地坐在藤椅上；沒多久，蚊子嗡嗡的叫聲，充斥在我的耳邊。

我防禦性地伸出手揮舞著，還沒搞定，一旁的雜物堆裏出現了幾隻蟑螂，揮動著觸鬚，大搖大擺四處跑了起來；而後，又聽見藤椅下面出現吱吱的聲音，竟然是老鼠。

我盤坐在藤椅上，提醒自己：「沒有工作要怎麼做慈濟，如果不忍耐下來，選擇回彰化那個有冷氣、有房間的家，萬一和以前那群朋友又有了聯絡，我會不會又走回頭路呢？」

「觀自在菩薩，行深般若波羅蜜多時，照見五蘊皆空，度一切苦厄，舍利子，色不異空，空不異色……」我靜下心，藉由誦念《心經》來安住自己。

第一天夜裏，蚊蟲不停叮咬我，老鼠吱吱的叫聲忽遠忽近，吵得我無法入眠，天空還未見白，我已經悄然起床，到外面吃了早餐後，準備上工。

就這樣，我度過了第一天、第二天……直到第四天，情況完全沒有改善。我晚上無法入睡，白天又得忙一整天，體力已不堪負荷，只好去找老闆娘說：「頭家娘，我有話跟你說。」

老闆娘似乎嚇了一跳，直直盯著我。

「頭家娘，這裏晚上蚊蟲真的很多，你可不可以幫我買個蚊帳。」

老闆娘深深吸了一口氣：「嚇一跳，我還以為你要辭頭路，買蚊帳小事啦！等一下馬上去幫你買回來。」

山不轉路轉，我拿了幾樣工具，在沙發工廠裏撿了幾個適合的木板和木頭，簡易做了一張單人床，在床上吊掛了蚊帳，總算能在夜裏睡個好覺。

就這樣又過了兩個星期，老闆娘看到我真正能吃苦耐勞，有一天忽然對我說：「阿良啊！這陣子真正歹勢，呼你睏置這。我今天去東海大學那邊找了一間三千塊錢的套房，你等一下把東西收一收，我晚一點用貨車載你過去，這樣，你晚上就有地方住了。」

第一份薪水

因為還在試用期，對沙發工廠作業流程還不熟悉，第一個月發薪水時，老闆給我兩萬多元。拿到薪水，我第一時間就趕回永靖。

「阿母！過去我只要毒癮發作就胡作非為，跑到阿姨家借錢，不然就是跑去向舅媽借。這種四處借錢的行為，造成大家的困擾，我很想慎重地向大家說聲『對不起！』所以，我想把這份薪水先拿去還人家。」我向阿母說明想法。

「好啊！把錢先拿去還你阿姨。」阿母非常贊成。

我騎上摩托車，來到位於田尾的阿姨家。一進門，阿姨的女兒和苗圃工人都一臉驚訝。

我客氣地詢問：「阿姨在嗎？」工人們連忙進屋請阿姨出來。

阿姨從屋裏走出來，我隨即從口袋拿出裝有兩萬元的信封，雙手遞送到阿姨面前，誠心地說：「阿姨！拍謝！前幾年我不懂事，吸毒後就跑來你家借錢，造成你的困擾。」

「這是我出獄後領到的第一份薪水；我知道不夠，請阿姨放心，我會更認真工作賺錢，持續還給你，請你先收下這些錢。」

阿姨接過信封袋，笑著對我說：「肇良！這一次出獄回來一定要改過自新，看到你認真工作重新出發，阿姨比誰都高興。」

「這包錢，阿姨已經從你手上接過來，代表我收過了。」阿姨把信封袋再塞回我手上，繼續說：「現在你把錢拿回去，這是阿姨給你的祝福，重新改過好好做人，就是對阿姨最好的回報！」

我好感動！阿姨不但不怪罪我，甚至用行動鼓勵我……

「人不怕錯！只怕不改過！」出獄的那段時間，我認真工作，堅持改變的決心，終於獲得肯定。

感染C肝

以前注射海洛因時，我曾和別人共用針頭，導致感染C型肝炎，肝指數往往在四、五百之間，精神狀態很不好，每天都非常疲累，臉色也顯得比較乾黃。

出獄後，我到彰化署立醫院接受醫師建議，進行為期七、八個月干擾素治療，同時期也應徵到大肚山這家沙發工廠工作。

接受干擾素治療時，我常常出現發燒、掉頭髮、食欲不振等副作用。但因才剛出獄，想要有一份正常工作談何容易；所以，就算身體狀況不是很好，還是相當珍惜這份得來不易的工作。

每個星期，注射完干擾素後，拖著沈重的身體，仍馬上趕回臺中上班。老闆娘只知道我肝臟不好，正在接受治療，完全不知道我是因為注射毒品而感染C型肝炎。

這家小型沙發工廠，員工人數不多，工作壓力往往落在我和老闆兩個人身上。若接的訂單一多，常常得工作到晚上十一、二點才能休息；這段時間，我常常發燒，身體不堪負荷下，差點就撐不過來。

身體不適和生活壓力持續拉鋸著，我告訴自己，如果放棄這份工作，就算把身體照顧好了，也沒辦法生活、沒辦法做慈濟，更何況這是提供我生活穩定的基礎，我一定要撐過去。

有時晚上下班後，接著去參與慈濟的活動，師兄、師姊看我臉色蠟黃、體型暴瘦，還會懷疑：「肇良，你是不是還在使用毒品？」

其實這一切，都是注射干擾素的副作用。

幸好半年療程後，身體狀況漸趨穩定，醫師告訴我：「可以終止干擾素的療程了。」此時，粗重的沙發工作也愈來愈得心應手，我很開心終於熬過了這段痛苦的日子。

不怕路遙

下班，是每位上班族最期待的時刻；而我每天最期待的，是從龍井騎著摩托車前往民權路上的慈濟臺中分會，這段四十至五十分鐘的路程。

我每天工作到五、六點，才能離開工廠回宿舍休息，無論是到臺中分會參加拜經，或是到梅亭街一位志工家舉辦的讀書會，時間都非常緊迫。

我總是匆匆忙忙用完晚餐就趕緊出門；但是心是充實的，精神是歡喜的，毫無怨言。

回首那段放蕩任性的時日，飽受左鄰右舍鄙視的眼神與輕視，冷不防的，還隨時會丟來一句：「不孝子！撿角！沒路用啦！」

受到最大傷害的，是最愛我的阿母，永遠應付不完有人來家裏罵著她的兒子是「不肖子」、「撿角」那種心痛與難堪，此刻的我終於能體會，也因而體悟，不論是掩藏在自我世界的吸毒者，或是被標注著特殊身分的更生人，都必須忍受任何人所給予的考驗。

不管是參加讀書會、拜經……我都會謹慎地穿上志工服，仔細地扣好每一個扣子。剛開始，總覺騎車在路上，常會受到莫名的注目，有時甚至會有陌生民眾對我比一個「讚！」

等紅綠燈時，會有民眾對我微笑點頭，帶著溫暖、尊重的眼神，直到有天我終於明白，原來這一切，都是因為身上這套志工服。

有一次，也是在等紅綠燈，旁邊是一位騎機車的中年婦女。她直盯著我的臉瞧，也不知道看了多久後，開始轉往我身上，而後到腳、到鞋子；再從鞋子到腳、到身上、再到臉……

我再也忍不住地轉頭，正要張開大嘴問時，她說話了，「少年耶！你在做慈濟喔！不簡單喔！」

她像鑑定師一樣，突然對我說：「看你沒幾歲，就會跟著別人做慈濟，不錯喔！」

聞言，我大感不好意思，連忙回她：「感恩！感恩！我還需要再學習啦！」

只是穿上志工服，就能讓別人認同我、肯定我。這是我不曾有過的感受，被人讚歎、被人肯定，原來是這般踏實；原來，我的人生也可以過得如此抬頭挺胸。

加入慈濟後，我一路感受到別人的尊重與讚歎，也明白過去的我從不會主動幫助別人、尊重別人，當然別人也不會尊重我、重視我。

儘管，每天回到家都快十一點了，但我從不覺得累，反而覺得很輕鬆，心很安定。

就這樣，我愈騎愈歡喜，愈喜歡騎在臺灣大道這條路上，因為有很多紅綠燈，紅燈時間又特別久；每次停下來，我就成為很多人注目的焦點。

我並不認識旁邊的任何一個人，但他們都會注視著我，並投以一個尊重的眼神；在那當下，我多麼希望時間能夠靜止，能夠永遠停留在紅燈。

以前，我的生命只有毒品；現在，我的生命只有慈濟。以前，我的身邊就是那些狐群狗黨；現在，我的身邊是陪伴著我的師兄、師姊。

在慈濟，我體會了以前所不懂的，感受到了前所未有的尊重，所以我更加全心全意地投入所有活動，積極地找回遺失很久的生命意義。

我發願要在兩年內受證慈誠，所以很珍惜見習志工的課程，捨不得錯過任何一堂課。有時星期六早上回彰化，星期日一大早又回臺中；有時連彰化都沒回去，就待在宿舍等待任何活動勤務的機會。

星期日早上，若有安排安養機構關懷活動，我通常會提早一個小時到場。

一位師兄問我：「肇良師兄！你住哪裏？」

「龍井。」

「很遠耶！你從那麼遠來？」師兄一臉驚訝。

我淺淺地笑以回答：「感恩！這段路不算遠。」

人生的道路百轉千迴，為了重新找回人生的方向，再遠的路，我都可以走、都願意走。

拜見上人

進入慈濟大家庭後，我積極地投入活動，舉凡助念、參加告別式、拜經、訪視、安養中心關懷等都去，也參加社區志工課程。

沒多久，證嚴上人行腳至慈濟臺中分會，蔡天勝師兄興奮地打電話給我，「肇良，你的因緣很好喔！上人這幾天會在臺中，我們有機會拜見上人。早上六點就要到會所，我們一起去讓上人為你祝福！」

拜見上人，一直是我最大的願望，但我實在不敢置信。掛斷電話後，腦袋一片空白。「怎麼會有這麼好的因緣？才離開彰化監獄，也才認真地在認識慈濟，就有機會見到上人！」

澎湃洶湧的情緒，久久不能平息。拜見上人前一晚，我像個孩子似的，興奮到整夜無法入眠。天色微亮，便穿戴整齊地騎著摩托車出門。平日的臺灣大道，車水馬龍，引擎聲、喇叭聲不絕於耳，這時少了動彈不得的車陣，顯得寬廣和寧靜。

想到等一下就可以看見上人，我緊張到快不能呼吸了。

在彰化監獄服刑時，每天不間斷地聽上人開示，耳邊出現的聲音是多麼熟悉親切；開示最後，上人總是殷殷叮嚀要「多用心」，因為這句「多用心」，我提醒自己要時時安住好己心，不要隨著外境，起心動念。

「快，快跟我上來！」帶領我們的慈悅師姊話一說完，轉頭就往樓上走。才清晨六點多，現場就像和時間賽跑，必須緊湊掌控流程，可見上人是多麼忙碌；此時，跟著往樓上走的我，心臟噗通、噗通的，愈跳愈快。

來到上人面前頂禮後，上人親切地請我們坐下，我卻像個傻瓜一樣，動也不動地跪著。

「報告上人！今天有幾位更生人來向上人請安。這位是高肇良，剛從彰化監獄出來，目前參加見習志工課程。」聽見蔡天勝師兄的介紹，我方才回過神來，連忙向上人頂禮。

「有參加見習課程了喔！要精進努力……」上人注視著我，輕聲細語地說。

我雙手直冒汗，緊張到心跳快停止了。潛意識裏不斷詢問自己，是不是應該把握機會向上人發心立願，一遍又一遍，我問自己。

突然間，我竟脫口而出：「報告上人，我在監獄服刑時，就發願要成為慈濟志工。現在要向上人發願，一定要受證為慈誠，要接引更多的更生人加入慈濟。」

現場所有的人都目瞪口呆，一副不可置信地看著我。

上人面帶微笑，輕聲地對我說：「你要度人，不要反被別人度走了喔！」

「哈！哈……」現場的人聽了，都放聲大笑。

我面紅耳赤，反問自己：「是不是說錯話了？」

事後，我反覆思考上人的用意，明白了心理的變化在於生、住、異、滅，而恆持初發心，是成功的唯一條件。

往後，面對外境的誘引和困難時，我都謹記著上人的叮嚀，不斷反覆思考後，更能理解上人的用心良苦。

「要度人，不要被人度走！」是要守住自己的心念，唯有堅守初心，才能翻轉人生。

刮風下雨的日子

「頭家，我今天晚上不用去慈濟，如果有工作，我可以留下來。」老闆樂於有人幫忙分擔工作，開心地回答：「好啊！這陣子訂單多，就麻煩你留下來加班。」

每個星期六傍晚下班後，我會騎著摩托車從大肚山繞一大圈，下山到臺中，再經過彰化市區，回到永靖探視阿母。

有次，阿母見我一身疲憊地坐在客廳椅子上，擔心地問：「你從臺中騎車回來要多久時間啊？」

「沒多久啦！一、兩個小時。」我說。

「一、兩個小時？」阿母一臉驚訝。

「這麼久，天黑了耶！你這樣會不會太累？太危險？」

「不會啦！我少年人。」我不想讓阿母擔心，開玩笑地回答。

隔天一早，我準備出門到臺中參加慈濟的活動，阿母不捨地說：「昨晚才騎回來，一早又要出發？這樣休息夠嗎？」

「那麼遠的路，常常這樣跑來跑去，太危險了。」阿母嘮叨中帶著關切。

我轉動鑰匙發動摩托車，手把轉呀轉地加速油門，讓車子不至於立即熄火。因為之前車禍的重力撞擊，它就像要大卸八塊一樣；阿母站在一旁，皺著眉頭。

「阿母，我去臺中參加慈濟的活動囉！」我再次轉動油門。

「阿良啊！你要小心，騎慢……」車子轟隆隆的聲響，淹沒了阿母的叮嚀。

「好啦！我知道，你趕快進去。」我試圖壓過這巨響，大聲地回應阿母的擔憂。

加入慈濟後，我每個星期日都會參加活動。總是在星期六傍晚下班後，乘著都會五光十色的夜晚，騎著摩托車趕回彰化的家，再於星期日的早上，趕回臺中參加慈濟的活動。

來回臺中與彰化間的遠距路程，無論晴天或雨天，都是這部曾經伴我走過荒唐歲月的摩托車，陪我度過。它雖然老舊，但能夠代步且讓我兼顧做慈濟，已使我心滿意足。

寒冷的十二月天，又是星期六來臨。沙發工廠裏，大家各自忙著手中的訂單，我拿著釘槍不斷起身彎腰，拉緊一張張沙發的布面，眼看這一組沙發就要完成了，我開心又滿足地想著：「等一下做完就能回家看阿母了，明天早上再回來分會參加活動。」

才想著，工廠的鐵皮屋頂響起滴滴答答的聲音，我探頭往外一看：「啊！下雨了。我待會兒怎麼回彰化？明天慈濟還有活動。」

下班時間一到，乘著雨勢間歇，我趕快騎回彰化。

阿母看到我淋成落湯雞，大聲喊著：「下雨你還這樣跑，會感冒啦……」阿母在我耳邊不停叨念。

我想起阿母的擔心，想起颳風下雨的日子，會讓我手足無措地不知如何到臺中分會，於是打開存摺看看裏面的數字，拿起計算機，「卡打拚一點，如果買輛一千五百西西的小車，應該可以先付頭期款，再多加一點班，應該可以負擔得了分期付款。」

六月出獄後，為了節省生活開銷，我縮衣節食，一條吐司當早餐，可以吃一個星期，到十二月，已有十二萬元的積蓄。

就這樣，我在出獄半年後，靠著自己的力量付了頭期款，並在阿母作保下，貸款買了一輛一千五百西西的小型汽車。

為了新車的貸款，我常常主動爭取加班，老闆和老闆娘看我工作愈來愈純熟，完成的速度愈來愈快，也慢慢地幫我加薪……三年後，我付完了新車的貸款。

有了新車，我每個星期回家兼做慈濟，過程中多了分安全與順暢，阿母更放心，我做慈濟的願，也更堅定。

又是星期日，一早，六點多，天還一片漆黑，我開著車離開彰化，一路來到臺中承恩護理之家。天色矇矇亮，慈濟活動還未開始，四周仍一片寂靜。

我看著護理之家的屋頂，隨著晨曦漸次顯出輪廓，像是帶著我這個迷途的浪子，從黑暗走向光明。

不會就學

年終，慈濟在全球的分支會、聯絡點，都會舉辦歲末祝福活動。

出獄這年年終，我第一次參加慈濟臺中分會舉辦的社區歲末祝福活動；突然，一位師姊帶著我直往外面帳棚區衝，立定後，才一臉嚴肅地對我說：「師兄！我們要採訪你。」

「採訪我？為什麼要採訪我？」我滿腦子疑惑。

「那要問什麼呢？我要怎麼說呢？」隨著疑惑愈來愈多，我的心跳也愈來愈快。

「師兄！你來自哪裏？聽說你剛出獄？被關了多久？為什麼要參加慈濟的活動？」原來，她是慈濟人文真善美幹事陳美純師姊。人文真善美團隊是在慈濟有活動時，負責錄影、拍照、做文字記錄。

陳美純師姊早已向蔡天勝師兄確認過我是更生人，而且已經計畫好要採訪我。

這是我第一次，直截了當、毫無掩飾地要去面對過去的錯誤。我有些猶豫、不知所措，但心裏想：「這是蔡師兄的特意安排，是為了讓我有懺悔過往的機會啊！」

想到這裏，我的心逐漸感到踏實，勇敢地開始述說為何想加入慈濟，以及加入慈濟的願望，並做了簡要的結尾：「雖然我做的不多，但我會堅持下去……」

「師兄!很感恩你今天的受訪。我想要邀請你加入人文真善美志工，好嗎？」陳美純師姊突然這樣對我說。

「人文真善美要做什麼啊？」我腦海裏閃出一堆問號，但沒有讓自己猶豫太久，反而告訴自己：「高肇良!你不是要做慈濟嗎?反正就是做慈濟啊!人家邀你，你做就對了，想這麼多……」

我應該把握任何做慈濟的機會，於是不容自己多想，便對陳美純師姊說：「好啊！」

人文真善美志工團隊，是在每星期四晚上共修，至於共修內容，我一無所知，直覺反應就是找蔡天勝師兄，順便讓他知道，我被邀加入人文真善美志工。

「蔡師兄！人家邀我做人文真善美志工耶！」電話這頭的我滿心歡喜地說。

「啊！人文真善美志工要會打電腦，要會錄影、會照相，是要有基礎的，你會嗎？你可以嗎？不可以要說喔！」蔡天勝師兄應該是被我嚇壞了，因而提高音量，不停地詢問著。

這時我才知道，人文真善美要會電腦、打字、錄影、照相，「糟糕了！那時候為什麼要答應呢？」我開始後悔、懊惱。

「可是人文真善美，名字好美，有真，有善，又有美。」我又想到那位師姊說的「不會教到會，還免學費」，突然不知哪裏來的信心，就對蔡天勝師兄說：「你放心，我可以去學，沒問題的。」

聽我這麼回答，他不好意思再潑我冷水，只好順我的意。

交稿

第一次參加人文真善美共修，是蔡天勝師兄騎著摩托車載我到共修處。一路上，他像家人一樣怕我會吃虧、受傷，一直念，一直念，「肇良啊！等一下你就觀察一下，若是很困難、都不會的話，我們就不要做人文真善美，來做環保或其他的，這都沒關係喔！」他好像永遠有交代不完的話……

上課時，我比任何人都更用心；是用心「觀察」，不是用心「上課」。我觀察到每個人對三C產品都相當熟悉，真的如蔡天勝師兄說的「要有基礎」，我在內心安撫自己：「別怕！不就是來學習的嗎？」

抱著「別怕」的心情，連續好長一段時間，我每個星期四準時到共修處報到，從不遲到，也不早退。

「師兄！我想要邀請你出班耶！」一次課後，陳美純師姊突然對我說：「下星期天，我們會到安養中心關懷，你負責寫一篇文稿好嗎？」

「天啊！我又不會電腦。」這就像是要上戰場了，我卻還沒準備好武器。

雖然，我在監獄用紙板做鍵盤打過字，也背過無蝦米輸入法，但從未在電腦上操作過，就要去做記錄……「師姊！我真的很想做，但我雖然自學過，卻沒有實際操作的經驗。」我只能實話實說了！

陳美純師姊趕緊貼心地說：「沒關係！你那天帶著紙筆來就好，把你看到的寫一寫再交給我，我幫你打成 Word 檔。」

有了陳美純師姊的承諾，我放心地準備上戰場。

當天，在安養院裏，我左看看、右看看，一臉茫然，不知道該如何下筆。

「少年耶！你是可以還是不可以啊！」早我一年培訓並已受證慈誠，也是更生人的阿志，潑了我一盆冷水。

我的確是有點騎虎難下，當初要參加人文真善美的是我，現在遇到困難了，總不能大喊「我不會啦！」就默默離開。

這時，突然發現有一位師姊，拿著相機專注地拍照片。我靠近她問：「師姊，記錄要怎麼做呢？要怎麼寫才能成為一篇文稿呢！」

「記錄就是要著重人、事、時、地、物，將活動的人數、時間、重點，做事實的陳述……」她是謝舒亞師姊，了解我的問題後，開始熱心地教我。

這日活動結束，我回到宿舍裏，寫了又改、改了又寫，不知道浪費了多少張紙，還是沒有一個方向。

我實在不敢交出去，直到一個星期後，陳美純師姊向我催討活動紀錄，我才勉為其難地將它交了出去。

「肇良師兄！你寫得好棒喔！非常有天分，是人文真善美的人才喔！」陳美純師姊看完我寫的紀錄後，大大地讚美我。

「真的還假的啊？還是慈濟人都口說好話？」我心裏大大的質疑，面對讚美，只是一直靦腆地傻笑。

幾天後，陳美純師姊特地來跟我說，我寫的文章已經在慈濟全球網頁的「社區大藏經」登出了。

面對著電腦螢幕，我一字一句仔細地閱讀著。刊登在大藏經的文章，經過陳美純師姊的修潤，更加順暢，活動內容的描述也更為活潑生動；也因為這樣，我開始對自己有了信心。

我更積極參加人文真善美的共修，透過一次次的課程學習，愈來愈明白記錄的方向和重點，也更能詮釋出感動的人、事、物。

只是，無法真正使用電腦撰寫文章，讓我很沮喪。

有一次回彰化，我告訴姊姊：「我現在參加人文真善美志工。」

「什麼是人文真善美志工？」姊姊一臉不解地反問我。

「一場活動進行時，有的人負責拍照、有的人負責錄影，我是負責記錄的。」

姊姊聽完後問我：「你記錄？用什麼記錄？」

「我現在只能用筆寫在紙上，之前有背過無蝦米字根表，但不懂得怎麼輸入，所以不會用電腦打字。」

「我有一部電腦，主機連同螢幕，你都搬到臺中用。這裏還有五千元給你，你有空回彰化時，就去員林補習電腦基礎課程。」姊姊看到我出獄後積極投入慈濟的活動，肯定我的改變，十分認同我。

在姊姊的支持下，我報名了電腦基礎班，從開關機開始學習，再配合當初在監獄時背過的無蝦米字根表，「哇靠！我真的打出字來了。」

雖然我打字的速度很慢、很慢，而且常常得停下手來，等眼睛找到鍵盤上的字，才可以拼湊出一個完整的字，但一切都是向前踏出的一步，我心裏好歡喜、好高興。

緣分

加入人文真善美團隊後，因為勇於承擔，我從別人身上學到許多經驗和技巧。剛開始，我只能生澀地用紙筆，一個字、一個字地慢慢爬格子，每每看著別人正襟危坐在電腦前打出文字紀錄時，我好想跟大家一樣。

在監獄服刑時，利用紙鍵盤土法煉鋼，成為我在人文真善美團隊能派上用場的基礎，雖然敲打鍵盤時手指頭相當僵硬，但每一個聲響對我而言，都像是鋼琴黑白鍵所彈奏出的動人樂章。

為了加強做記錄的能力，我參與一連串的共修，而且都會遇到那位曾指導我的謝舒亞師姊。

她專心聽課、做筆記的神情，吸引了我的目光。猶記得第一次出班到安養中心採訪時，我們兩個被分配到同一組，我負責寫文稿，她負責拍照和錄影。我把握難得的機會請教她，她熱心、細心且語調輕柔地一一回應，使我雀躍不已。

見到她的熱心與溫柔，我偷偷猜想：「她是不是也有一些喜歡我啊？」我興起了要追求她的念頭。

每次參加活動後，都要傳送文稿、活動照片等，於是我們相互留下了 e-mail，以便聯繫。這成為我「假公濟私」的管道，每次一遇到問題，我都暗自竊喜，「這樣又可以和舒亞師姊在空中聊天了。」

頻繁的接觸機會，我看到她的才華洋溢，更堅定了追求她的決心。合作一陣子後，我試著邀約她：「真的很不好意思，每次都麻煩你費心教我，改天請你吃飯。」

剛開始，她總是拒絕我。但是，我拿出耐心和毅力，繼續奮鬥不懈，在接連幾次出班的任務中，我力求表現，想要博得她的好感，默默為這段可能的感情，繼續耕耘著。

即使沒有一起出班，在幾場大型活動中，我也常常遇到她。只是不知道為什麼，每次人潮慢慢聚集時，她就會快步離開人群，然後另一位師姊會尾隨著她出去。

當她們再次出現時，謝舒亞師姊總是面色凝重、神態慌張，有時甚至就這樣離開會場，不再出現。

幾次相同的情況持續發生，引起我的好奇。

由於我都會提早半小時到達共修現場，也因此與謝舒亞師姊有了交談的機會。原來人群開始聚集時，她會感到莫名的恐慌，嚴重時甚至無法控制情緒，而躲在廁所裏哭，跟在身後的師姊，總是寸步不離地陪伴與安慰。

只要有熟悉的人在身旁，謝舒亞師姊就會有安全感，而能穩定情緒。我知道後，開始主動付出關懷，陪她去看醫師，藉助一些藥物，讓她心情不會低落、鑽牛角尖；每當慈濟大型活動時，會盡量保持在她的視線範圍內，讓她安心地投入活動。

另一方面，考量道場裏男眾和女眾應該保持距離，我將此情況告訴熟識我們的吳淑鑾師姊，請她協助舒亞師姊克服恐慌症。

漸漸的，舒亞師姊變得開朗許多，也克服了面對人群的不安。在慈濟活動中，漸漸願意與人交談，讓我放心許多。

感受到我的真心關懷，以及在人文真善美團隊中的努力，舒亞師姊漸漸卸下心防，答應了我的邀約，一起吃晚餐。

隔年，我們先後受證委員和慈誠，並同時參加《慈悲三昧水懺：法譬如水》經藏演繹，我見機不可失，開始了溫馨接送情。經過半年多的相處，或許我的表現通過考驗，舒亞師姊終於答應跟我交往。

交往初期，礙於更生人的身分，過程並不是很順利；她總是擔心地問：「你服刑過幾次？」

「一、兩次。」我說。

再過不久，她說她不信：「你到底服刑過幾次？」

「三、四次。」我再說。

又過一陣子，她又問：「你老實說，你到底被關過幾次？」

我只好老實招供：「好啦！五、六、七、八次。」

舒亞震驚的表情，讓我明白，她雖然可以猜想，但親口聽我說，仍是不敢置信。幸好，她並沒有因此離我而去，讓我放心許多。

我投入人文真善美領域後，走進完全不同於以往的人群裏，用真善美的視野寫出人群中感人的故事；幸運的是，我和舒亞這兩條平行線，也正悄悄地交會於同一條道路上，相輔相成地譜出屬於我們自己人生的真、善、美。

據實以告

與舒亞交往一年半後，她無需再看醫師、吃藥，個性愈來愈開朗、愈來愈陽光。相互的陪伴與鼓勵，使我們有了共組家庭的念頭。但是一想起自己更生人的身分，服刑期間和社會脫節將近十年，要去她家裏提親，著實感到忐忑不安。

我不知道對方放不放心把女兒交給我，因為她的父親已輾轉從別人口中，得知我曾不斷入獄服刑，造成我很大的心理壓力。

我告訴自己，如果他們擔心女兒嫁給我不能幸福而拒絕，我會坦然接受。但是，為了不讓自己將來後悔，我一定要提起勇氣，為我們的未來努力看看。

舒亞的父母知道我們想結婚後，開始百般阻撓。因為舒亞的親戚也有人曾經接觸毒品，他們知道要戒掉毒品，真的太難了。

他們想盡辦法施加壓力，請舒亞離開臺中回彰化，並催促著說：「我們找了一些對象，你準備去相親，隨便找一個，都比這個吸過毒的好。」

「你可以聽家人的話去相親看看啊！看是不是有人比我對你更好？」我知道後，對舒亞說。

舒亞想起她罹患憂鬱症及恐慌症時，我是如何陪伴她的，更堅定了要和我結婚的念頭。

看到女兒對感情的執著，父母無計可施，只好說：「好歹也請對方來家裏坐坐，吃頓飯，讓我們看看他長什麼模樣，值不值得依靠？」

我內心清楚這是舒亞的父母對我打分數的時候，或許是一場要我打退堂鼓的鴻門宴。

到舒亞家裏吃飯前，我先將自己入獄服刑的原因和刑期一一列印下來，裝進資料夾裏，準備對她的父母誠實以告。

我自知扣分的負能量太多，也要加入一些正能量，才能讓她的父母安心，所以將洗心革面、認真工作和加入慈濟的一切也寫下來，我知道這段感情是否能繼續，就看這次的奮力一搏。

藉著送舒亞回家的機會，我拿著這份資料夾跟她進了門。舒亞的爸爸坐在客廳，見到我，覺得狐疑，但很快就意會到我是誰。他禮貌性地對我說：「坐呀！」臉上毫無笑容。

我遞出手中的資料說：「伯父你好！這資料夾裏面都是我的檔案，包括我以前服刑的每一筆資料，和現在做的事。我對你們完全沒有隱瞞，也希望您和伯母能給我一個機會。」

伯父馬上心急地打開資料。我見他臉色一陣紫、一陣青，手不停顫抖，卻又故作鎮定。見狀後，我明白他需要一段時間平復情緒，主動開口告辭。

「好、好、好，那你沒有要留下來吃飯嗎？」伯父雖然語氣微顫，仍禮貌性地問我。

「不用了，謝謝！伯父，那我先告辭！」

約一個月後，我戰戰兢兢地提著伴手禮到舒亞家正式做客。她的父母依然立起一道防護牆，面無表情地對我說：「坐啊！隨便坐。」

用餐的當下，我端起碗筷，只見他們不斷盯著我瞧，我感到相當不自在。伯母看到我的指縫因為做沙發殘留了一些黑黑髒髒洗不乾淨的白膠，更是蹙著眉頭不發一語。

沒多久，伯母藉機將舒亞喚進廚房，憂心地說：「你看看他端起碗筷時，指縫那麼髒，手指頭的關節又那麼粗，很明顯就是一雙做苦工的手；我看人的經驗那麼多，不會錯的，妳若嫁給他，絕對不會好命的！」

舒亞事後語重心長地對我說：「你看！光是端一個碗，就要接受別人的品頭論足……」

我對舒亞說：「指甲縫髒、手指頭關節粗，不就代表我刻苦耐勞、認真工作；而且我很節儉，只要下定決心不再接觸毒品，一定可以給你美好的未來。」

我離開後，伯父對舒亞說：「既然這是你自己決定的，那我就不再反對。」

曾經，有人問我岳父：「為什麼會答應讓高肇良當你的女婿？」

岳父回答對方：「一方面看到兩個年輕人對這段感情的堅定；最大的原因還是看在證嚴法師的面子上，我才願意把女兒嫁給他！」

百年好合

對於婚禮的籌備，我們兩個決定一切從簡，請了阿姨去提親，想不到岳父竟然說：「該有的還是要有！」他提出了聘金的要求。

我知道這一切都是岳父愛女心切，擔心女兒會受委屈，所以未雨綢繆，先為女兒存一筆錢來保障未來。

為了聘金，我和舒亞傷透腦筋。因為舒亞不久前才被客戶倒債，而我要負擔汽車貸款，也沒什麼錢。兩個人拿出存摺仔細合算，只剩七萬多元。若是要我跟家中長輩開口，我實在說不出來。

我告訴舒亞：「不然你先回去跟你爸爸說，這筆錢我再想想有什麼辦法？」

「什麼！還要想辦法？」岳父感到不可思議，態度軟化：「我看你們能想到的辦法，應該也是去跟別人借錢；算了，算了，你們不用操煩這些聘金了！」

後來，我請阿姨開了一張支票，在訂婚當天跟著該有的禮數，一起送到舒亞家裏。只是，這張支票似乎永遠無法兌現，也從來沒有人要求我兌現……

而兩人身上僅存七萬塊錢，如何辦一場婚禮？這對我們來說，是一個很大的挑戰。

我知道女生都有美麗的夢想——希望有天能穿上白紗，拍張美美的幸福婚紗照。我透過姊夫的介紹，找到一家婚紗公司，以對方能夠接受的最低價格，三萬五千元，拍了一組婚紗照。

這些看在別人眼裏的小錢，對我們來說可是一筆大數目。再次翻開存摺，餘額驟降到三萬五千元。

這年，彰化縣政府舉辦民國一百年的「百年百對聯合婚禮」活動，參加活動的新人，可以得到贊助廠商的幾萬塊錢結緣品，我們聽到這個消息，喜出望外，馬上跑去報名，兩人也取得共識，結婚只是一天，相處才是一輩子。

沒想到，雙方家長也同時為了我們的婚禮熱烈地討論著——喜餅要多少，回禮要回多少，男方要辦幾桌，女方歸寧要辦幾桌……大哥也主動掏出十萬塊錢，幫我辦喜宴。

阿母說：「過去你若沒有偷我那些金飾，今天你要結婚，金飾一定比別人多。」

看著阿母給我的唯一一只戒指，內心除了慚愧，更多的是心痛。因為那只戒指，是阿母利用僅剩的兩個小戒指熔解合併而來。

就這樣，原本單純的集團結婚，變成舉辦三次婚宴——訂婚、結婚、歸寧，比一般婚宴還麻煩；然而，我們很感恩也很珍惜，有這麼多人關心我們，給予我們夫妻祝福！

就這樣，民國一百年，我在證嚴上人的祝福下受證成為慈誠隊員，也結了婚。我看著手上的慈誠證和結婚證書，再看看牆上的喜幛，正好巧妙地呼應了「百年好合」。

為父心情

結婚後，我們在臺中租房子，我繼續在沙發工廠工作，舒亞繼續經營她的廣告設計工作室。

隔年，舒亞的肚子裏有了我們愛的結晶。經醫師檢查後，得知是雙胞胎，我們欣喜若狂。因為家族裏，我和弟弟是雙胞胎，大哥和大嫂也生下一對雙胞胎。

興奮之餘，我想起曾經染毒那麼長一段時間，雖然已經戒毒，仍不禁擔心會不會影響胎兒？於是，陪著舒亞密集地做產前檢查。初為父母的喜悅，讓我們對腹中的胎兒充滿期待，一度以為，不久後的將來，我們就可迎接新生命的到來。

產檢的日子又到了，我們迫不及待想探知孩子的模樣。醫師將超音波掃描儀在舒亞的肚皮上來回掃描；這一回檢查，比以往多出很多時間。只見醫師的表情漸漸凝重，我們也感受到了詭譎不安的氣氛。

終於，醫師慢慢吐出這幾個字：「這對雙胞胎著床並不完全，不是很健康，很有可能會自然流產。」

一瞬間，我們彷彿從天堂跌入地獄。舒亞陷入深深悲傷中，我的心更像是被一雙大手緊緊地掐著。

我對舒亞說：「沒關係，雖然我們很想要孩子，但是，更想祝福他們來到這個世界是健康平安的。」

只是此時此刻，我仍不免懷疑自己及自責：「是不是以前吸毒的關係，才讓胚胎著床不完全？」

曾經，從吸毒的同學口中得知，有人因為吸毒而導致孩子小兒痲痹。我在夜裏輾轉難眠。

舒亞肚裏的胎兒，果然如醫師所說，沒有保住。幸而，沒多久，舒亞又懷了第二胎。

有了第一次經歷，接下來的產檢，我們絲毫不敢懈怠。每一回，我都陪著舒亞前往，所幸這次懷孕過程相當順利，孩子也相當健康，隨著預產期愈來愈近，我們終於能開心地準備迎接新生命的到來。

憶起我和舒亞相識那年，一同參與水懺經藏演繹，我們決定——如果孩子順利出生，女生小名就叫「水水」，男生就叫他「懺懺」，以紀念我們的相識，同時也感恩菩薩，讓孩子有健康的身體。

舒亞要生產時，我待在產房外面，緊張得不停來回踱步，心噗通、噗通地跳呀跳，感覺好像跳到了嘴邊。

終於，一陣響亮的哭聲從產房傳了出來。沒多久，護理師抱著一個小娃兒來到我的面前，說：「高先生，這是你的女兒。你看她五官正常，四肢都健全喔！恭喜你！」

我看著粉色的浴巾裏，包著一個小女娃，比巴掌還小的臉蛋，紅咚咚的。不知為何，平常做沙發時的靈活雙手，在這時卻變得無比僵硬，深怕一個動作不慎，就會弄疼了她。

好不容易把女兒接過了手，看她仰躺在我的懷裏，顯得更為嬌小。可愛的模樣，讓我的視線遲遲無法從她身上移開，內心深感不可思議，一個小生命居然就這樣誕生了。

「這是我的孩子啊！」我滿足地笑著，眼睛卻不知為何，溼了。

透過嬰兒室的大玻璃窗，「水水」正幸福地睡著。看著她純潔如天使的模樣，我想著自己不也是這樣來到這個世界，不也曾經讓父母充滿愛與期待！

「手抱孩兒時，方知父母恩……」我曾經辜負了父母辛苦養育之恩，在應該還是天真無邪的國小年紀，就開始學抽菸，國中開始吸毒；每回闖禍了，總是父母幫我善後……

想起阿爸當年的辛苦，我極度感到懺悔。阿爸為了這個家，辛苦打拚了一輩子，我卻從未好好孝順他，反倒總是讓他傷心、讓他難過，沒讓他過上一天好日子。

我的抽屜裏珍藏著一本阿爸的護照，內頁沒有任何出國的印記。這本護照，是村裏流行大陸旅遊時，阿爸和阿母也跟風請旅行社辦了護照，想和大家一樣「過鹹水」出去玩，可惜，阿爸今生已沒有機會使用。

一步差，我竟然就走錯了大半人生，讓父母擔心與蒙羞。如今浪子回了頭，人生終於展露曙光，能否遙寄給身在他方世界的阿爸？不知在另一個世界的他，再提起兒子時，是否已經可以抬頭挺胸了？

上天再出考題

結婚後，我繼續在沙發工廠工作，雙手卻開始出現過敏和脫皮症狀，幾次去醫院就診，卻是時好時壞，始終無法痊癒。

醫師診斷，沙發的塗料含有化學成分，我因長期接觸，造成雙手過敏，不但會癢還會脫皮，兩隻腳掌、腳趾也都如此。

我自以為擁有一技之長，只要願意做，沒有工作難得倒我，要維繫一個家庭的生活沒有問題，想不到上天竟給了我這個考驗。女兒水水已經出生，我的雙手卻嚴重過敏，一份論件計酬的工作經常停擺。

沒有收入，就沒有辦法養家活口，無法對把女兒交給我的岳父交代，使我非常沮喪。

「這樣一份工作，停工就等於完全沒有收入來源，除非自己有能力開沙發工廠，不然真的不是長遠之計。」我開始思考，是否轉行？

我向在臺中的好友、也是慈濟法親李承旻師兄，說起生活的不順遂和經濟上的難處，「我不做沙發，真的不知道還可以做什麼？」

李承旻師兄是皮包大盤商，他對我說：「你找一個點開皮包店，我介紹廠商給你，這樣進貨成本較低。我的皮件和包包也可放在你的店裏寄賣，有賣出去，你再付款給我就好。」

有貴人相助，我和舒亞都非常開心。但是，開店要進貨又要租房子，房子要變成店面需要整理，兩個人看著存款上的數字，不免又擔憂了起來。我不敢貿然辭去沙發工廠的工作，但也努力尋找可以開店的地點。

當時，員林以南到永靖都沒有皮包店，在永靖開店，或許可以嘗試。而剛剛創業，也不知道未來生意是好或壞，我們不敢大量進貨。開幕當天，擺在店裏的包包並不多，架上空間顯得相當空曠，大家不禁問我們：「你們要開店前，有想清楚嗎？」他們擔心這包包店會經營不下去。

我和舒亞精打細算過，在臺中也是租房子住；永靖，雖然家裏也可以住，但想要做生意就要租店面，所以就在最熱鬧的瑚璉路上，租了一棟三樓透天店面，樓上當住家，樓下開店賣皮包。

我特別取了一個讓人印象深刻的店名「大包小包休閒旅遊皮件生活館」，一樓櫃檯再擺上電腦，舒亞還能在店內接單，兼做她熟悉的廣告設計工作。

將近一年的時間，我帶著發病的雙手，白天做沙發兼接一些沙發維修工作，下班後再到包包店幫忙。所幸，包包店開張後，當地民眾的肯定，加上永靖許多慈濟人介紹客源，我們的生意漸漸步上軌道，收入穩定後，我才敢辭掉沙發師傅的工作。

回首人生，真是一個奇妙過程，我曾是一個吸毒、多次進出監獄的人，卻在上天對我關了一扇門後，再為我開了另一扇窗。堅毅生命為自己找到的出口，讓勇於懺悔的我，有了不同的人生旅程。

不吝分享

辭掉沙發廠的工作後，夫妻倆守著一間店，總覺得還可以再多做些什麼？

我剛出獄到臺中時，認識了蔡天勝師兄接引的幾位更生人。在一次聚會時，我與遠從高雄來的楊九如師兄相談甚歡，從此成為知心相交，相互勉勵以及交換更生人陪伴的心得與經驗。

有一次，他到彰化找我們時，提到他的冷飲店生意還不錯。我靈機一動，問他：「如果我想在店門前擺飲料攤，賣什麼好？」

那時正值冬天，楊九如師兄說：「杏仁茶，我只要把比例教會你，你就會煮了。」

「真的還是假的？」我問。

他告訴我，因為認識一個朋友從事杏仁粉生意，可以將比例告訴我，不會有太大的困難。

於是，我和舒亞在店門口擺上攤子，兼做賣杏仁茶的生意。

杏仁茶的收入，當然比我做沙發的收入要來得少；但是相對的，我參與慈濟的時間變得比較多了。

隔年夏天，我們發現杏仁茶的生意清淡，於是又開始思考，冬天和夏天賣的東西應該不一樣；這回，再請教楊九如師兄，他建議我們，「最簡單的就是檸檬愛玉，你要不要來高雄，我教你怎麼洗愛玉。」

我和舒亞去了高雄，拜訪楊九如師兄的冷飲店。他熱心地教我們洗愛玉，唯有炒糖技術是跟親戚學的，彼此約定不能外傳，得靠我們自己鑽研。

外行人根本找不到門道，我們夫妻為此陷入苦思。

攤子上的招牌已經做了，也計畫好什麼時候開始營業，如果糖的問題沒有辦法解決，檸檬愛玉是不會好喝的。

我們只好自己上網查怎麼炒糖，並買回了糖，嘗試自己炒。眼看著鍋子裏的糖，一次又一次燒焦，被我拿去倒掉；失敗了好多次後，我慢慢地試出糖和水的比例，可以與水融解又有糖的香氣，火候與時間也恰到好處，終於解決了炒糖的問題。

接下來是檸檬。楊九如師兄表示，坊間有人買整罐檸檬汁來加，宜蘭有一家是用現壓檸檬，但是比例他不知道。

我思考後，決定用天然的檸檬汁，因為現壓才能顧及檸檬的天然香味。

為求解決之道，我和舒亞在鄰近的員林市試喝每一家果汁店和冷飲店裏的檸檬汁，也默默觀察不同店家的特色和做法，常常雙手提著一杯又一杯的檸檬汁，走過一家又一家的飲料店。

一天，我們來到一家果汁店。只見老闆動作俐落地拿起架上的新鮮檸檬，用刀子切了切兩下後，拿起傳統手壓果汁器具，將檸檬連皮帶肉地壓下去，而後用水將汁液連同皮中的精油沖到杯子裏；瞬間，檸檬香氣彌漫開來，酸溜溜的香味直達味蕾神經；我嘴裏的唾液，不自覺地快速分泌起來。

接過老闆遞過來的檸檬汁，我看見透明的杯子裏，檸檬籽以及檸檬的鮮明果粒，隨著冰塊在杯中載浮載沈。輕輕啜上一口，嘴裏立即散發出檸檬淡淡的天然香氣，酸甜比例濃纖合宜，讓我和舒亞有了共識：「就是這個味道了。」

回到店裏後，我和舒亞開始試壓檸檬汁，發現，之前我們買了很多壓果汁的器具，卻是最天然的手壓方式，才能擠出最香的檸檬汁。

檸檬汁問題解決了，楊九如師兄也請他接引的更生人——鐘炯元師兄，到我們店裏學習，而後回到高雄橋頭開店自立。

受邀入獄

自彰化監獄出獄後，我成功地改變了自己的人生。高雄的黃金珠師姊透過蔡天勝師兄認識了我，因為她定期到高雄監獄關懷，便邀我以過來人的經驗，分享個人的生命故事。

而後，關懷臺中看守所及臺中戒治所的慈濟教聯會老師李昌美，以及關懷臺中監獄的廖國權師兄及田細嬌師姊，也先後邀我前往分享；於是，我到監獄分享生命故事的因緣，就此開始。

二〇一四年三月，法務部保護司副司長黃怡君也透過蔡天勝師兄，邀請我到法務部司法官學院，為當期即將畢業的準觀護人分享「更生人的關懷與需求」。

四個小時的課程中，我以過來人的經驗，提供更生人出獄後的需求；他們反應這如同上了一場有別於以往的震撼教育。因此，連續三年邀請我到法務部司法官學院分享。

而我曾待過的彰化監獄，有埤頭區的慈濟志工張順良師兄前往關懷，中斷一段時間後，二〇一四年初，埤頭區志工邀請彰化洪美香師姊重啟到愛滋病專舍關懷。三個月後，我也受邀與團隊前往分享。

在愛滋病專舍裏，我又遇到了阿呆；此情此景，我們已是不同身分的兩個人。

另一位叫阿財的，是我以前在彰化沙發工廠認識的司機。曾經，我被警察通緝時，跑到他家裏躲；兩個人一起回家騙我阿母，硬是要拿錢。拿到錢後，我們一起去買藥，還共用針頭施打毒品。

以慈濟志工身分來到彰監專舍關懷時，同時看到他們兩個，我感到非常驚訝，也暗自慶幸，自己沒有感染上愛滋病。

而後得知，阿呆出獄後，仍然沒有戒毒，因毒癮發作，騎著摩托車急著去找錢買藥，在路上發生車禍而喪失生命，終結了他的一生。

在專舍關懷時，我也認識了阿豪，和我通信近三年。出獄一個多月後，我帶他回去專舍做關懷，他的分享大受同學接納，掌聲響亮。

我和詹大為師兄一行四人去他家關懷，邀約他加入慈濟，好幾次他都拒絕。而後，他會在臉書上私訊我，說：「師兄，您們放心，我過得很好，沒有再走回頭路。」

「沒關係！只要你過得好就好，沒有參加慈濟沒有關係！」我們不再勉強他。

不意幾個月後，他又繼續碰毒，和我們愈來愈疏離。而後接獲消息，他因跌倒撞到前胸，由於免疫系統不好，導致敗血症而往生。

我們一行四人來到他的靈堂前，雙手合十，難過地看著他的遺照，祝福他已遠離毒害之苦，下輩子不要再受害於毒品了。

這些例子讓我感觸很深，我們有心要去接引，對方如果沒有心，就算面對著面，手拉著他了，也沒有用。

支持與回饋

每當我們夫妻至監獄關懷時，包包店勢必就得關門休息，這對生計無疑是一大影響。

人文真善美志工朱森林師兄經營素食零嘴，他拿來讓我們試吃，促發我們靈感。舒亞專長美術設計，她把這些零嘴進一步設計包裝後，取名「阿良古味」素食休閒食品，讓我們在外出進行反毒宣導時，可以順便接單，增加一些收入，減輕生活的壓力。

剛開始，我們的「阿良古味」多由知道訊息的慈濟人護持。我第三年受邀到法務部保護司分享時，接任的副司長張云綺很關心我們，也希望公部門可以給更生人更多力量與支持。

而後，她南下彰化地檢署洽公，得知彰化更生保護協會將籌辦「幸運草市集」，規畫了一個更生人的攤位，於是向主委吳志郎提起了我。

吳志郎主委在主任施淑棉的陪同下前來找我，並邀請我參加二〇一六年八月十四日舉辦的幸運草市集；我們在市集上設了一個攤位，擺上檸檬愛玉、杏仁茶、零嘴還有包包等，許多慈濟人也前來協助與推廣。

而後，臺中更生保護協會籌辦全國矯正機關教化藝文及作業技訓聯合展示，意在讓更生人學習面對人群、培養自信。該會謝主任打電話來，邀請我們代表臺灣全省更生保護協會的更生攤位參與。

那是由法務部矯正署主辦，更生保護協會協辦，唯一的一個更生人攤位，他們把機會給了我。二〇一六年十一月，我與幾位接引的更生人，在慈濟志工團隊陪伴下，來到臺中市政府川堂設攤。

我們因此認識了彰化看守所作業導師林政宏，他將我們列為彰化看守所的就業輔導廠商；而臺灣更生保護會彰化分會也推薦願意改過向善的更生人，到我這裏學習一技之長，並提供有心改過的更生人，學習之後可以申請創業貸款。

意外獲得十方大眾的護持，是我們始料未及的。如此結合社會各界愛與力量的支持，使我們深深感動；也因此，我們撥出素食休閒食品盈餘的百分之十，作為協助收容人、更生人及其家屬基金。

目前基金雖然不多，但希望藉此回饋十方各界的點滴溫情，讓愛傳出去！

願大志堅

二〇一五年八月，一通電話響起。

「肇良師兄，我們想幫你提名旭青獎的參選，你的意願如何？」彰化監獄蕭妙奇教誨師打電話來，說要以彰化監獄的名義，提名我參選「旭青獎」。

「啊！那是什麼？」我不知道什麼是「旭青獎」，也沒聽說過。

我和舒亞上網查詢後得知，「旭青獎」為社團法人中華民國觀護協會所舉辦，「為激勵在年輕時期（含兒童、青少年階段）誤入歧途，能悔悟自新、奮發向上，有具體傑出之成就或貢獻，而足為榜樣者，特舉辦本選拔表揚活動。」

參選對象的資格，「凡於年輕時期（含兒童、青少年階段）曾受保護處分或刑事處分，經執行完畢，能改過遷善、奮發向上，在家庭、事業、學業及社會服務等方面有優異表現或具體貢獻者。」

蕭妙奇教誨師傳來表格，請我填寫從出獄到當下的過程簡歷後，由彰化監獄為我提報出去。

第十四屆旭青獎，我們不知有多少人報名，只知複選時有八人，再從八人中決選出三人。

十月二十六日這天，我手機跳出一則訊息，寫著：「還記得我嗎？我是鳴敏，恭喜你得了旭青獎哦！太棒了。」

陳鳴敏代表財團法人利伯他茲教育基金會參選。雖然落選，她卻很有風度地前來道喜，還說：「三位得獎者都是男生。」

我和舒亞趕緊上網，果真看見自己的名字在獲獎欄位上，當下心情百感交集，難以言喻，內心裏那個深藏已久的願，頓時翻湧出來。

當我受邀到學校進行防毒宣導或到監獄關懷，每每站在講臺上，總是觸動著內心裏的那個願——多麼希望自己有天能站在彰化監獄十二工場，告訴工場裏的同學們，我改變了；多麼希望能夠帶著更多的同學，回到社會正常的軌道上，帶著更多的更生人，一起踏上慈濟這條路！

「我想回饋彰化監獄，跟同學們說不要放棄……」我向蕭妙奇教誨師說出回到彰化監獄分享的心願。

「師兄，放心！我來安排。明年開始巡迴彰化監獄各工場，讓你圓滿這個願。」蕭妙奇教誨師篤定地跟我說。

我終於得到這個機會，終於能夠以志工身分，回到我曾經「蹲」過的地方。

這一路來，我深感立願要立大願，並且心志要堅，願才能夠成真，才能夠翻轉自己的人生，於是定下「願大志堅、翻轉人生」的主題，以毒品防制宣導為志願，走上了「行願」的旅程。

二〇一六年一月，我重回到以往進出多次、也是最熟悉的地方——彰化監獄十二工場。

獄警將鑰匙插進孔裏輕輕一轉，通往監獄的鐵門被打開了，我們進入後隨即鏗鏘地又被關上。我聽著那熟悉的金屬碰撞聲，將我拉回到以往的時光。

那時，長廊上的鐵門像極了洪水猛獸，呲牙裂嘴地張開一口又一口，恨不得把我們吞進深不可見的食道裏，讓我們永不見天日。

同一個場景，不同的時空，少了手銬腳鐐的我，踏著輕快步伐，將毫無生氣的囚衣換上藍天白雲志工服，亦步亦趨地跟著師兄姊們前進。我內心既是期待，又怕受傷害；多麼希望能看到熟識的同學，卻又希望他們早已假釋離開，重返社會走向正途。

當我走進工場裏，迎面而來的，是以前還沒服刑就認識的兄弟。他看我這回沒穿囚衣而是志工服，相當訝異，「你怎麼會來？」一位大哥也跑了過來：「你怎麼穿慈濟志工的制服？」

「慈濟今天來這裏分享，我是這次的主講人。」我回答著。

「真的還是假的？你現在在做慈濟？」他們非常好奇。

「大哥，你現在過得好嗎？」我問一位曾一起吸毒的朋友。

「唉！不要講這些，講那個沒有用啦！我看這次進來，應該是沒辦法再出去了。」

「為什麼？」我著急地問。

「這次販毒被判了十六年。」

「大嫂有來看你嗎？」

「看我？她來看我都是要離婚啦！上個月才辦好離婚手續。」他無奈地說。

我將手搭在他的肩膀，安慰他：「大哥，你要想開一點。既然遇到了，就是去面對。」

人不親，土親！加上我是從這裏開始努力翻轉自己的人生；所以，當我站在彰化監獄的講臺上，臺下的同學幾乎都聚精會神地盯著我看。

我分享自己服刑時，是如何發心立願，出獄後要成為一個慈濟人，縱使不被看好，也經歷許多人的冷言冷語，但是我沒有打消念頭，心念始終如一，如今堅持走來，也近七年了。

一些長刑期的同學，從我在監時就服刑至今尚未出獄；這一次，他們看到我的轉變，也不禁站出來分享，想不到能看到我重新以另一種身分，走回彰化監獄十二工場。

我鼓勵同學們：「這段路難行能行，因為自己的一路堅持，才能站上十二工場的講臺，我做得到，你們也做得到！」

我請有心改過的同學可以寫信給我，雖然走回正軌的路上步步艱辛，但是我願意在這條路上努力幫助他們，以及他們的家屬。

每回到監獄分享後，或多或少總會有同學寫信給我。

看著郵差送來一封封同學們的信，我想起第一次發心立願時寫信給蔡天勝師兄的自己，想起當初寄信時的忐忑與期待，想起這些年來每一雙曾經支持過我、握過我的雙手，我便會握緊筆桿，認真地回覆我的期待與關心。

寧靜的夜裏，我將寫好的信裝進信封，貼上郵票，看著信封上曾經發信的地址，如今成為我寄信的地址；不自覺的，我再次發願，要當彰化監獄永遠的志工。

總統接見

「高肇良！掛號……」這天，一封掛號信寄到了包包店，郵差先生拉開嗓門大聲喊著。

我接過信，看到它來自於社團法人中華民國觀護協會，心情還算平靜，因為我早已從網路知道獲選旭青獎。

頒獎典禮將於十一月二十八日，在國立臺南生活美學演藝廳舉行；只是再繼續看下去後，我的心跳隨著字裏行間的陳述，立即加速了起來。

「我們要去總統府接受總統接見……」這對我而言，簡直在作夢，「總統府不是一般人能夠進去的，而且還會與總統握手……」我與舒亞相互開玩笑說：「天呀！是做夢嗎？這是真的嗎？」

回想年少輕狂時，「一念惡」沈淪於毒海中，難以自拔，每一封寄到家裏的掛號信，幾乎都是彰化地方法院檢察署的傳票，父母每天提心吊膽，我也感到羞愧，不知如何面對！

擔心逾時不到會被通緝，我總是帶著如履薄冰的心情，走進偵查庭開庭認罪，或想盡理由希望檢察官從輕量刑。

十年後，我懺悔己過，努力向上、回饋社會，投入慈善公益，翻轉人生，但從沒想過會得到總統的接見……

「真的很感恩上人，以及慈濟人的愛護與陪伴，才能提攜成就今日的肇良。」我把要接受總統接見的消息，告訴阿母及家人。阿母不敢相信地說：「係金ㄟ嗎？」

當她明白「係金ㄟ」後，禁不住內心的歡喜，露出許久不見的燦爛笑容……

我心想，旭青獎對於改過向善並回饋社會的更生人，是一項至高無上的殊榮。慈濟中，有許多與我一樣翻轉人生的更生人，也投入社會公益不遺餘力，卻是無人得知或給予公開鼓勵。

慈濟的美，美在團隊的用心，美在人人能合心、和氣、互愛、協力。「一人做事則無常，團隊做事才能永恆」；我一定要讓與會所有人，甚至總統先生知道，這是所有慈濟人努力用心陪伴的成果。

我想到《在世界盡頭的角落》這本書，裏面刊載了許多篇包括我和這些更生人的故事，我希望藉此因緣發聲，寫下致詞重點「書中多位受訪者曾是更生人，在許多慈濟人陪伴下也成為慈濟志工，默默地付出和行善，我們都以做慈濟為榮！」

二〇一五年十一月二十八日，前往臺南接受旭青獎頒獎；隔年二月十八日，前進總統府。

前一天晚上，我將《在世界盡頭的角落》一書，用藍色緞帶綁好，讓它顯得醒目及莊嚴。當天，我們一行人，包含金舵獎得主及三位旭青獎得主，到位於臺北市長沙街的國軍英雄館會合後，搭上一輛大型巴士前往總統府。

走進總統府的過程，是我人生中的一個奇幻旅程。我從來沒有想過，有一天會以更生人的身分走進總統府，讓總統接見並給予肯定和表揚。

從總統府大門進去，到府裏的檢查點時，我們一一受到警衛提醒，所有的行李及背包都不能帶進去，連水杯也不能。大家雙手空空的，只有我緊緊地拿著《在世界盡頭的角落》。

「書也要留在外面，不能拿進去。」警衛提醒我。

「這本書裏有我的故事，我希望能當面送給馬總統，可以嗎？」

陪同我們的中華民國觀護協會理事長陳堂立先生，在一旁看到了，向警衛說：「沒關係！讓他帶進去，讓他送給馬總統。」

警衛聽了後，不再阻攔我。

走進一間呈圓形狀的接見室，坐下後，我開始緊張，「待會兒總統來，不曉得要跟他講什麼？」

前一天擬好的內容，此時此刻在腦海裏迴蕩著；但是，等一下是不是能說出口，我還真的沒有把握。

正緊張時，陳堂立理事長走向我，「高先生，不然等一下由您代表旭青獎得主向總統感恩致意，也順便將您手上的書送給馬總統。」

這正是我心裏所希望的，沒想到這麼順利。

當馬總統走進來時，我們站起來掌聲歡迎他的蒞臨。一會兒坐下後，陳堂立理事長代表所有與會人員感恩馬總統撥冗接見。

馬總統客氣地表示歡迎之意，他從擔任法務部長開始，即非常注重更生觀護的工作，也恭賀我們能得此殊榮，個個實至名歸。

金舵獎得主致詞感恩後，我站了起來，走到靠近馬總統的特定位置，與他握手，並立即將《在世界盡頭的角落》雙手呈上說：「總統先生，我是慈濟志工高肇良。這本書裏有慈濟幾位更生人翻轉人生的故事，我是其中之一，我以做慈濟志工為榮，要將這本書獻給總統，感恩總統！」

馬總統非常高興地收下，並祝賀我能夠得到旭青獎的殊榮。

當他致詞結束，我們預備離開接見室時，每個人還有一次機會與馬總統握手。我再次對馬總統說：「我是慈濟志工，以慈濟志工為榮！」

馬總統握著我的手，語重心長地對我說：「恭喜您！高先生。您過去的人生負債，已經轉換成為您現在的資產。」

我回答說：「感恩馬總統！我們會繼續做好反毒宣導、監獄愛灑，盡我的能力，發揮我的良能，感恩您！」

全縣走透透

坐落在花蓮的慈濟大學，於二〇一二年二月出版了《無毒有我，有我無毒》套書，由當時任職慈濟教育發展處高級專員陳乃裕策畫，交由北區慈濟教聯會老師執筆而成。

慈濟大學結合臺北市、新北市政府透過「無毒有我」的教育宣導活動，期許社會大眾，尤其是親子與教育工作者了解吸毒者、家屬的心路歷程，及對個人、家庭與社會的傷害，並激發其社會使命感。

「對社會人才做保護與防患，實為一件刻不容緩的大事，也是一項『無毒有我・有我無毒・攜手共建無毒家園』的希望工程。」

這想法在教育部、法務部、衛生福利部食品藥物管理署、臺北市政府、新北市政府毒品危害防制中心的支持與指導下，交由臺北市政府毒品危害防制中心、臺北市政府教育局、慈濟大學主辦，開啟了

「無毒有我」校園防毒宣導活動。

身為慈濟大學防毒宣導團總窗口的陳乃裕師兄，邀請了蔡天勝、林朝清以及我成為種子走進校園裏，以更生人的身分現身說法，宣導防毒。

當我受邀到各地區進行防毒宣導時，回過頭來想到居住的彰化地區沒有深耕校園防毒宣導，不禁慨嘆：「我們很積極在其他地區進行防毒宣導，但是彰化區為什麼還沒有做？」

從參與慈濟訪視的經驗中，看到許多家庭因有人染上毒品，而尋求社會資源的幫助，但這都已經是治標而不是治本了。

我深感「孩子的未來在教育」，如果教育端沒有著手，品格教育輸了一大截，若又染上毒品，比不喜歡讀書還要糟，需要付出的社會成本更多。

二〇一五年年底，彰化地區的大愛媽媽們在永靖環保教育站合心講堂共修，陪伴關懷大愛媽媽的慈濟教育功能窗口黃碧連師姊也在現場，我向他們建議：「我們的子女都在彰化學區，我們有團隊，可以一起來做。」

大愛媽媽們表示認同，「那我們先成立團隊，再開籌備會議。」

第一次籌備會議結束後，我告訴陳乃裕師兄，彰化要成立品格教育防毒宣導團隊；他只簡單地回我一句話，「你等我，我找個時間到彰化。」

陳乃裕師兄很快來到彰化，了解活動意向後，建議命名為「慈濟大學防毒宣導團」。我們聽取他的建議，並由他指導我們如何依照程序進行。

彰化八個區的大愛媽媽編出「過去，現在，未來」、「逆子，跪羊圖演繹」、「吸遊記」、「父母恩重難報經」、「把愛找回來」……等十組防毒劇碼，再由團隊拿著這些劇碼以及講師的簡歷、曾經參與的防毒宣導場次，和被社會肯定的旭青獎等，到彰化各區的學校進行接洽。

有一些學校說：「有宗教色彩，我們不要。」也有一些學校老師說：「若讓慈濟進來，是不是也要讓基督教進來？」

我們遇到很多困難，但是我們也是善解。唯一心念就是，只要有因緣，不管是半小時或四十分鐘，我們都願意。

彰化和美區一位大愛媽媽的先生曾有照，是慈濟兒童班的社區志工，亦是彰化縣和美鎮和東國小的前家長會長，他積極地向和東國小推薦，使我們獲得了第一場校園防毒宣導機會。

從此，開始有人口耳相傳。

二〇一六年三月，彰化縣教育處體健科主動詢問，是否願意承辦親子防毒營？我們呈報花蓮本會宗教處後，共同開會決議承辦。

由法務部、教育部、衛生福利部食品藥物管理局、慈濟大學主辦，臺北市林仲鋆文教基金會、燦坤實業股份有限公司、慈濟大學彰化區「無毒有我」防毒宣導團協辦，交由彰化縣毒品危害防制中心執行的「無毒有我，有我無毒」親子成長暨觀摩見習活動，七月於彰化靜思堂展開。

九月至十月間，受聘於彰化縣政府輔導高度關懷行為偏差少年及濫用毒品的學生，承擔彰化縣迎向春暉認輔志工團團長的陳美玉，邀約我到彰化市延平社區分享生命故事及宣導防毒。

當天，她贈送《在世界盡頭的角落》一書，予校外會督導和彰化縣教育處體健科。這場結合生命故事的宣導方式，獲得彰化縣政府教育處肯定，邀約我們到少年輔育院、向日葵學園、各級國中小分享；彰化縣衛生局亦邀約我們到彰化基督教醫院國藝廳分享，共計二十多個場次。

我們打鐵乘熱，向教育處體健科黎榕科長提出全縣走透透的想法。還未成行，黎科長調往桃園任職。

二〇一七年二月十七日，我們在慈濟教育志業執行長蔡炳坤的陪同下，拜會彰化縣副縣長及教育處長，獲得認可與支持。慈濟大學彰化區「無毒有我」防毒宣導團，自此開始全縣走透透，陸續到兩百一十五所學校進行防毒宣導。

終於，我們走上在彰化深耕的理想與願望之旅。

負債轉資產

財團法人臺灣更生保護會在黑暗中點一盞燈、雪中送炭，自創會以來協助有心改過的更生人，浴火重生，重返榮耀，永不放棄，從未間斷，許多更生家庭因而得以圓滿。

二〇一六年，是更生保護會創會第七十一年，彰化分會計畫籌辦「更生71無毒有我反毒總動員」慶祝大會，並於會中表揚「反毒真英雄」。由更生保護會全臺十九個分會，各推薦五個具更生背景，並戒毒一段時間後，回饋社會當志工五年以上，並受到社會肯定的更生人參選。

繼推薦我到「幸運草市集」設攤後，彰化更生保護會認為我以慈濟志工身分行善全國，進行反毒宣導近三百三十五場（註），受惠人數約七萬人次，精神可佳，而由彰化地檢署檢察長黃玉垣、彰化更生保護會主委吳志郎以及主任施淑棉，推薦我代表彰化分會參選。

八位獲獎者皆是長期投入反毒、防毒的更生人，有基督教徒、傳道師，及事業有成的企業家，而我則是以佛教慈濟志工身分獲選。

十一月九日，第七十一屆全國更生保護會慶祝大會於彰化員林演藝廳舉行，法務部長邱太三、保護司長羅榮乾、全國更生保護會董事長王添盛蒞臨會場致意，表揚長期關懷、協助更生人的績優有功人員。

我感恩能以慈濟志工身分接受表揚，更感恩慈濟彰化區防毒宣導團及彰化縣教育處，那是所有共同防毒、拒毒的慈濟志工及春暉志工的付出，才能有今天的成果與肯定。

「個人做事則無常，團隊做事才能永恆！」我很高興能與有志者並肩參與防毒宣導，也深刻感受「更生人」三個字已不再是個包袱，更希望藉此讓有心幫助更生人的善知識，對更生人更具信心，並在他們有需要時能給予幫助，因為有可能那個接受幫助的人，就是下一個高肇良。

「將人生的負債，轉化成為現在的資產！」我會繼續加油，防毒、拒毒不停歇！

【註】截至二〇一九年八月底，共宣導八百九十場，二十七萬人次受益。

鐵窗外的誠與情

彰化區監獄關懷團隊，每次巡迴分享後，結語必定是如此鼓勵同學——

歡迎同學們寫信給彰化分會高肇良師兄。因為你們進來服刑，家裏陷入困境，子女沒辦法受教育，需要幫忙的話，寫信給高肇良師兄；他會透過慈濟的訪視網絡，邀請當區的志工，一起去關懷你們的家人。而最重要的一點是，希望你們安心服刑，出獄後能好好照顧家人，翻轉人生。如果你們想要工作，我們也可以透過更生保護會，或是慈濟的資源來媒合工作，安頓你的身心。

我從臺中回到彰化永靖鄉後，同住永靖的人文真善美行政窗口詹大為師兄，常來找我們泡茶聊天、聊慈濟，鼓勵我們。

女兒「水水」出生時，他來祝賀；我和舒亞要開店時，尋找的店面，碰巧就在他家對面。年長的他，是良師益友，非常用心陪伴我，也在我進行反毒宣導時，幫我瞻前顧後，提醒我沒有注意到的部分，讓我在融入彰化當地志工組隊運作上，可以更順暢。

我到監獄關懷分享，會鼓勵同學們寫信給我，也鼓勵他們出獄後，若有需要協助，可以來找我們。監獄裏，每個工場一百多人，通常會有三至五位寫信來。我們透過信件去了解他、他的家庭背景、宗教信仰以及對未來的期許，而後鼓勵他出獄後可以跟我們聯繫。

假設他還在獄中服刑，但家境貧困、需要關懷，我們會提報給社工，由社工協同當地志工前去關懷，如果需要經濟協助，就啟動救助機制。

出獄後的更生人，若需要就業，我們會陪他去找工作，或有因緣由慈濟志工介紹工作，或轉介就業服務站和更生保護會，尋求其他資源協助。

當有需要到收容人或更生人家中訪視關懷時，詹大為師兄常會陪我一起去。

二〇一五年歲末祝福，上人以「誠之情誼人間祥兆，教之慇實造福富足」祝福全球慈濟人。詹大為師兄文字造詣深厚，有感於更生人及其家屬的關懷，要有誠、有情，要讓人感受到溫度，因而取名「鐵窗外的誠與情」。

「鐵窗外的誠與情」只是一個名字，一個鼓勵我們朝關懷收容人和其家屬，以及接引更生人的方向去實行的目標。它所含括的是慈濟所有的訪視團隊與所有志工的愛與誠情，而非只有彰化區或者永靖這個小團體。

這是一個漸進式的陪伴方式。從收容人還在監獄開始，到出獄後遇到一些困難，或有心參與慈濟活動，我們都會啟動訪視、關懷、陪伴機制，有時也進行一些戶外聯誼活動，讓他們感受到正向的陪伴。

像阿威，他在獄中聽到我們的分享後，寫信來和我互動，還一直跟他媽媽說，出獄後要來找我們。通信三年後，他出獄了，真的打電話來說，要到彰化找我。

他來彰化，沒有住的地方，我們幫他找房子；沒工作，我陪他去找工作。因為沒有一技之長，他應徵了幾家都沒有著落。直到應徵一家廣告看板鐵工，老闆娘知道他是由慈濟志工陪伴應徵，本身也有參與慈濟活動，錄取了他。

他被錄取後開始工作，也參與慈濟見習志工課程，卻在最後一堂課結束不久，發生了車禍，肋骨斷了六根，鎖骨斷一根。

警察送他去醫院時，問他要通知誰？他直接說要找永靖的高肇良師兄。我收到通知後，第一時間趕到醫院，幫他辦理住院手續、繳交醫藥費等，直到半夜快三點，他的媽媽與姊姊到醫院後，我才離開；而後，我們再幫他尋找其他資源，讓他出院後回到屏東養傷。

阿威的例子，讓我深刻體悟，要做好人不容易，在在都是考驗。幸好，他靜養後，已回到彰化，再繼續參與慈濟活動。

另外，家住伸港的曾煥珊。十年前，我們曾在囹圄裏一起度過漫漫歲月。出獄後，他感於昔日「兄弟」已翻轉人生，成為幫助別人的善知識，而反思自己，「為何別人可以改變，我不行？」

他決心與我一起做慈濟，同行菩薩道，無論是監獄、學校、社區，都有他用心付出的足跡。

他投入慈濟志工行列，精神可謂一百分，只要有活動即不辭辛勞地從伸港騎機車到永靖。來回需要一百分鐘，但不管幾點，他從不遲到。晚上才開始的慈濟活動，他下午即騎機車到會場協助，揮汗如雨，卻甘之如飴。

懺悔過往的曾煥珊表示，「因為吸毒，我開了三次大刀，包括心臟、肝臟、脊椎，其中肝臟破裂是為了找錢買毒，偷東西時被發現而讓人打的，被送進醫院後我一心一意求死，請求醫師別再救我了，人生實在苦呀！」

最後，曾爸爸不離不棄地守候照顧三個月，才將他從鬼門關前救了回來。

現在，當他看到自己身上那條又深又長的疤痕時，就會想起父親的愛也是那麼深那麼長，為了報答父母恩，他發願要用有限的生命，做有意義的事情！

一日，他跟著我到學校進行防毒宣導，把衣服掀開讓大家看那傷痕時，臺下的同學驚呼連連，直覺恐怖。他發覺，原來這個殘破不堪的身體，還能當防毒的活教材，警惕學生勿濫用藥物與毒品。

他當場發願：「我要與高肇良師兄一起反毒宣導，做到最後一口氣為止！」

還有王琳恩，在日本因案入獄。日本慈濟人前往關懷，因而有緣從日本寫信到臺灣給蔡天勝師兄。

王琳恩出獄後回到臺灣，太太與他離婚。他投靠無門下，回到彰化借居弟弟處所，由蔡天勝師兄轉請我與彰化地區師兄姊關懷陪伴。

王琳恩初始以打零工維生，一位師兄幫他介紹工作，我們也幫忙申請頂新和德文教基金會的鼓勵金，讓他的人生能順暢地走過來；他也持續參與慈濟志工活動，沒有走回頭路。

王琳恩的貴人是日本慈濟志工、臺中蔡天勝師兄，還有彰化區的慈濟人，串連而成的一個綿密大愛網絡。

還有因殺人案而遭判無期徒刑的阿秀。

彰化永靖環保教育站與彰化地檢署配合，提供假釋的更生人或受保護管束的人，每個月到環保站做資源回收。阿秀因為到環保站，而與慈濟有了接觸。

一次，彰化地區大環保日，我本該做完環保後，趕在十點前回去幫舒亞開店。因為阿秀發燒不舒服，我載她到北斗一間診所，醫師說狀況不太好，於是轉到衛生福利部醫院打點滴。我陪伴兩個多小時，直到她的女兒來了才離開。

隔月的環保日，大家做完資源回收後，阿秀特地到店裏對舒亞說：「你們肇良對我實在太好了，這個世界上除了我女兒，只有肇良對我最好，像兒子一樣，我真的好感動。」

阿秀在永靖環保站的假釋報到期滿後，還是每個月都來，並於二〇一四年完成慈濟社區志工課程，協助陪伴另外兩位同樣遭判無期徒刑但已假釋出獄的女性更生人。

阿秀感慨地說：「我在獄中待了十三年，一個女人的青春歲月全沒了。現在已經六十歲，人生還有多少時間也不清楚。很感恩慈濟，讓我有機會向大眾懺悔，道出內心最沈痛的傷痕。」

成功的定義

從事監獄關懷、陪伴更生人，有成功的例子，當然不乏也有失敗的經驗。

住在我家附近的阿祥，我們曾一起被關在雲林監獄。他出獄後，我們受他的親戚請託，到他家關懷。

我一看，「這不是阿祥嗎？」我熱誠地邀請他參加慈濟活動。一開始，他總是說：「好啦！好啦！再等一下啦！」卻始終沒有行動。一天，一位師兄跟我說：「阿祥死在田裏，面朝下，臉部已經潰爛了……」

我和十幾位志工到殯儀館為他助念。阿祥因為注射海洛因，神智不清趴進了田裏，臉部朝下，鼻子觸到爛泥沒辦法呼吸，因而往生。

上人說「行善、行孝不能等」，再等、再等的結果，是連生命都沒有了。

面對著他的遺照，我只能祝福他快去快回。「也許是你的業力盡了，不用再受苦了。這輩子沒辦法戒毒，下輩子若有幸能再當人，一定要好好地重新做人！」

另一位是阿佳，出獄後求助無門，從臉書上找到我，他說：「家中只剩母親與我，我只要一份工作，我能吃苦，請幫助我好嗎？」

我們馬上幫他介紹工作，慈濟志工張正昌師兄與邱魏琴姬師姊這對夫妻，剛好有份園藝造景工作需要人，便雇請阿佳幫忙。

一次颱風來襲，把阿佳家的屋頂吹壞。我和詹大為師兄一起去關懷，並報請頂新和德文教基金會幫忙修繕，屋子就不再漏雨了。

可惜，阿佳出獄半年、生活經濟日漸穩定後，又無法抗拒誘惑，再次使用毒品，讓許多人失望及傷心。

阿佳生長在貧困家庭，兄弟三人，大哥因吸毒造成精神渙散，發生車禍而往生；二哥也因吸毒於彰化監獄服刑；阿佳排行老么，是父親以為唯一可以依靠的孩子，怎知也走上吸毒的後塵。

二十三歲時，阿佳因強盜案被判刑八年。入獄服刑期間，父親傷心於教子無方，心情鬱悶，燒炭自殺，經發現後緊急送醫挽回一命；沒多久，又再次燒炭自殺而往生；兩個星期後，阿佳的阿嬤也往生了……接二連三的打擊，讓身陷囹圄的他深感後悔，決定改過自新。

他在徬徨無助、萬分焦急下找上我們，有了工作後除參與慈濟活動，也主動與我前往校園進行防毒宣導、現身說法，以其自身真實故事，讓學生體會毒品危害的嚴重，亦奉勸在校同學們「行善、行孝不能等！」

二〇一七年四月二日這天，我們接連參加兩場告別式後，已過中午，才想歇息一下，手機訊息卻傳來噩耗，「我是阿佳的姑姑，他早上往生了，現在醫院裏，需要你們來幫忙。」

我們趕到北斗鎮第一公墓臨時設置的靈堂，看著他靜靜躺在冰櫃裏的遺容，呈現出糾結與痛苦。

阿佳因吸毒過量暴斃家中，送院前已死亡。回首半年來，我們協助他安頓身心、找到工作，認真的態度深獲老闆賞識，以為可以讓他翻轉人生，卻因沒有遠離惡友，再次使用毒品，而枉送了性命，留下孤苦無依的母親……

活生生的例子，顯示毒品的危害不容小覷。我痛心疾首，不禁再度發願：「防毒、拒毒，絕對不能停！防毒、拒毒，人人有責，莫使毒品繼續泛濫，才能真正遏止毒害蔓延。」

回想參與監獄關懷至今兩年多，目前陪伴的更生人，沒有再吸毒、再走回頭路的有十二位，持續參與慈濟活動的只有六位，舒亞有時會想，難度那麼高，是不是不要再浪費時間，去幫助一個看來沒什麼希望的人？

我以過來人的角度，告訴舒亞要轉念。雖然我發了願，希望幫助他們戒掉不好的習慣，但凡事都依照我們的角度去想，是沒辦法真正幫助到他們。

人的習氣，有時無法馬上改變，只能把握住當下，循循善誘他們往正確的方向走。

我的信念是，慢沒關係，還是可以到達目的地，可以到達終點。

如果有些人沒辦法往我們指引的方向走，也要適時地放手，不用強求，等他們碰了壁，還是會再回來，只要生命還在。

我真的認為，碰到壁的人，最後一定會再回來，只是時間的長或短而已。

願意回來的，是他的福報。這就是因緣！每個人的因緣不同，從事陪伴的人，要有因緣觀，要隨順因緣，凡事不用勉強。

再則，靠著書信把我們與收容人的因緣牽在一起。我們因此去幫助他們的家人，讓他們無論是環境得到改善，或者心靈得到安住的力量，這也是一種成功，不是單純地只看他有無走回頭路。

以目前的比例或狀態而言，我會說，我們是成功的。

成功的定義是什麼？前法務部保護司副司長黃怡君，曾與我們分享成功的定義。他們專門搶救未成年雛妓，常帶憲兵隊、警察去把她們解救出來；結果，沒多久，她們有的會自己又回去了。

「這樣算不算成功？還要不要再做？」黃怡君說：「救她們出來，她們學會保護自己不要被剝削，就算成功了！」

陪伴這些更生人們，就算他們再走回頭路，我們也相信已在他的心裏種下善的種子；他若再進監獄裏，遇有機會或因緣，就可以把種子撒播。

也許，有人會質疑地問：「既然又走回頭路，那他有可能去撒播善種子嗎？」

我的答案是：「會！」當有人提起慈濟的時候，他會想起，慈濟曾經是如何幫助他的；是他沒有把握因緣，又走回頭路。

這樣的「他」，也是一顆種子，就如我當初，也是在獄中問到有被慈濟關懷過的「同學」，才能找到進入慈濟的大門。

這顆走回頭路的種子，也許不夠堅實，但我們還是要種下去，下次再遇到逆境時，他會想到慈濟人。這是下次出獄後，累積成功的一個很重要因緣。

後記

身癮易戒，心癮難除

邱淑絹

第一次見到高肇良，是我隨著證嚴上人行腳到中部時。

那時，高肇良才剛出獄，由蔡天勝帶來拜見上人。我聽著蔡天勝向上人說起高肇良的故事，說他為了吸毒，可以從鐵門下方的小洞鑽出來……簡單扼要的情節，卻足以使我驚愕！

從那時開始，我陸續聽到他在慈濟裏的一些點滴，在在說明，他確實還在參與各項志工活動，沒有退轉，也沒有走回頭路。

直到有次，我到彰化靜思堂分享，與承擔人文真善美的高肇良見了面，說上了話，才更進一步了解他在監獄關懷與校園防毒的用心與努力，促使我想為他的故事，留下一點可供他人借鏡的紀錄。

為了此書，我再度深入他的人生故事時，感於吸毒人的一切造作行為，離譜的程度令人瞠目結舌、頭暈目眩、難以置信，同時也為他們被毒品綑綁，無法掌控自我身心的不堪人生，深感喟嘆與不捨。

高肇良說：「我以為我有辦法控制毒品，但是吸到最後，戒不掉時，是我們無法想像的，很恐怖！」

他吸食安非他命後，會執著在一件事情上，幾天幾夜都不會放棄，沒日沒夜的，沒有睡覺也沒關係，很恐怖。

我曾經在閣樓的房間裏吸毒，吸到沒日沒夜的。

安非他命要用火燒玻璃球，打手機火苗會跳、會熱，容易壞，我就把阿爸泡茶用的小瓦斯桶，抱到樓上房間，把它改造後，拉一條管子出來，再用打火機一打，火就點燃了。

我在樓上也曾反覆地拆弄收音機，被我弄壞好幾部。那時阿爸以為這孩子在電子方面很有天分，可以去讀資訊科、電子科。而阿爸的Scooter機車，我也把它拆了，拆了又組回去，白的噴成黑的，幾天幾夜都不休息，阿爸也以為我有興趣，可以去學習修理機車。

其實是吸食安非他命，讓一個人的思緒變得混亂。那時，我拆電視、拆收音機、拆電瓶，拆了後就組不回去；或是電腦，我會想把它拆解，把這條線接到那條線，把那條接到這條，看看會有什麼不同，但其實全都是沒有根據的；吸食安非他命，也會讓一個人很多話，一直滔滔不絕地講個不停，很恐怖。

高肇良回想，「那時我那麼年輕，卻是這麼落魄，很沒有尊嚴。有人質疑我為什麼防毒宣導一場趕過一場，是在趕什麼？」

「現在能做，不代表以後還有機會做。」高肇良充分明白，如今毒品氾濫，比以前更嚴重，就是他為什麼戮力於反毒的最大原因，也是他加快腳步到監獄關懷及進行校園防毒宣導的最大動力。

毒品，在一個人還未入獄前接觸，感官上，那種心癮還是存在意識裏，並不會隨著監獄枷鎖而減輕。應該說它會減輕，但不會斷除，記憶會變淡，但是若再次看到熟悉環境，會因為熟悉的景象、人、事、物等，再次勾起使用毒品那種情境和意境。

如果，那個曾經吸毒的人，覺得過去經驗不錯，經過某地時，知道藥頭住在那裏，心志不堅，就會轉彎，再次走上吸毒的路。

一般來講，用一次毒品不會成癮。剛接觸毒品的人，或剛出獄的人會想，反正關那麼久，再享受一次，應該不會再成癮。

但「身癮易戒，心癮難除」，通常，吸毒的人進到監獄服刑時，身癮在一、兩個星期後就會斷除。關上個一年、兩年，毒癮一定已經斷除了；他們會想，再用一次，只要下次不要再用就好了，這也就是為何一些剛出獄的人，上計程車後，會直接往藥頭家奔去；但就是每一次都會再陷下去，會再走回頭路。

高肇良得出一個觀察，就是踏出監獄第一步開始到兩年內，若已經將不好的物質如菸、酒等戒除，不抽菸、不喝酒、不嚼檳榔，才是真正的戒癮。

「如果他將注意力移轉到喝酒或抽菸，其實心癮是沒有根除的。」高肇良將自己的人生經驗融入進來，認為最好能找到生活重心或信仰，例如他找到佛教慈濟，因為要守戒，用戒來保護自己，時時刻刻提醒自己，在每次升起不好的念頭時，用戒去降伏那個升起的惡念，就能成功。

「以佛法角度來講，就是時時刻刻都要有正念，要有菩提心，用正念及菩提的心來降伏不好的心；佛教、慈濟，是讓我成功往戒毒方向走，很重要的一個原因。」

高肇良常提供自己的方法給收容人，還在獄中時就要發願，心中有願後，出獄時找個公益團體來接續，讓自己有機會能夠去付出，如此一貫性、連續性地發心、力行，力行、發心，最後得到最大利益的，就是自己。

「所以，不是不相信人性，而是找不到方法。這個方法，是我自己做出一系統的整理、陪伴之後，發現讓一個人發心立願，再讓他有自主、主動的心，若能一直持續下來，就是有心的人，也才會是一顆精實的種子。」

二〇一七年初，彰化監獄關懷及防毒宣導團隊發下大願。詹大為說：「期勉防毒團隊與所有慈濟人一起，要讓彰化成為無毒縣。」

要讓彰化縣成為無毒縣，並不是件簡單的事，但誠如證嚴上人說的「願有多大，力就有多大」，彰化防毒團隊因為有願，也就會更努力地去找路、找方法，也因而爭取到彰化教育處的支持，走上了到全縣各級學校防毒宣導的旅程。

佛經中提到『三乘人』——聲聞乘、緣覺乘、菩薩乘；聲聞、緣覺是為『小乘』，小乘者獨善其身，菩薩乘者發大心、立大願，力行菩薩道。高肇良說要發大乘、立大願，讓全縣成為無毒縣，雖然看似很難，但若能漸次做起，相信有朝之日一定能成功。

高肇良及所有防毒團隊的信念，是「因為我們相信這些吸毒者、收容人或是更生人，會展開善的循環，雖然沒辦法立竿見影，但確實會產生一個很微妙的效應出來；而如果我們都不做的話，一切就會停滯不前。」

水月系列００３

阿良的歸白人生

作　　者／高肇良
文字整理／謝舒亞、紀淑貞、葛素萍
照片提供／高肇良
感恩彰化人文真善美志工詹大為、簡淑絲協助

創 辦 人／釋證嚴
發 行 人／王端正
總 編 輯／王慧萍
主　　編／陳玫君
企畫編輯／邱淑絹
編　　輯／涂慶鐘
校對志工／張勝美、李秀娟
封面設計／謝舒亞

出 版 者／慈濟傳播人文志業基金會
　　　　　慈濟期刊部
地　　址／ 112019 臺北市北投區立德路 2 號
編輯部電話／ 02-28989000 分機 2065
客服專線／ 02-28989991
傳真專線／ 02-28989993
劃撥帳號／ 19924552　　戶名／經典雜誌
製版印刷／新豪華製版印刷股份有限公司
經 銷 商／聯合發行股份有限公司
　　　　　231028 新北市新店區寶橋路 235 巷 6 弄 6 號 2 樓
電　　話／ 02-29178022
出版日期／ 2017 年 6 月初版一刷
　　　　　2023 年 3 月初版十二刷
定　　價／新臺幣 250 元

國家圖書館出版品預行編目 (CIP) 資料

阿良的歸白人生 / 高肇良作 . -- 初版 . -- 臺北市 : 慈濟傳播人文志業基金會 , 2017.06
327 面 ; 15×21 公分 . -- (水月系列 ; 3)
ISBN 978-986-5726-38-6 (平裝)
1. 高肇良 2. 臺灣傳記 3. 受刑人
783.3886　　106006877